入社3年目までに

押さえたい

社内プレゼンの攻略術

Kamari Maeda
前田鎌利

すばる舎

はじめに

プレゼン資料の作成ができるようになったのに、なかなか決裁が通らない…。

これは、かつて私も対峙したことのある悩みです。

ソフトバンクに在籍していた頃、PowerPointやKeynoteを用いた、あらゆる場面でのプレゼンテーションにおいて、シンプル・ロジカルで視覚的にわかりやすく見せる方法や、ポイントを押さえた根拠となる資料の効果的な提示方法を、実践を通して磨き上げていきました。

そのノウハウを基《もと》に、これまで600社を超える企業で「プレゼン研修」を実施してきましたが、参加されたビジネスパーソンのみなさんからご支持をいただき、ビジネスの現場で活用されてきたことは、著者として大きな喜びとなっています。

入社してから絶えず行うのが「社内プレゼン」です。

社内プレゼンの本質は「上司から決裁を勝ち取る」こと。

プレゼンテーションを行うだけでなく、提案に対して決裁が通るという「結果」が伴わなければ仕事は前に進みません。

社内プレゼンで決裁を通すことは、仕事において結果を出すだけでなく、あなた自身の評価、そして所属部署の評価にもつながります。


昨今、「働き方改革」が掲げられるようになり、企業では仕事の効率化、合理化、スピードアップを目的とした「時間短縮」が実施されています。具体的には、プレゼン資料そのものや会議のあり方などが見直されてきました。

前著『最高品質の会議術』（ダイヤモンド社）では、私がソフトバンク在籍時に実際に行ってきた会議そのものや、会議に参加する意識を変えることで、生産性を2倍に向上させてきた具体的なアクション、マネジャーが実践すべきことなどを解説しました。『最高品質の会議術』をベースにして会議のブラッシュアップ研修を行った企業では、次のような改善が進み、結果を導き出すスピードと精度がさらに向上しました。

●決裁プロセスの見直し
●会議資料フォーマット（議案書、議事録、進捗管理など）の統一
●企業文化に合致したプレゼン資料
●会議スタイルの改善（定例会議、少人数会議、1on1など）

そして、企業の業務改善に携わっていく中で、いくつかの共通項が見出せました。その1つに「限界時間」があります。

企業にはそれぞれ企業文化があり、プレゼンテーション1つ取ってもPowerPointを使用する企業もあれば、Wordで行う企業、Excel、手書き、A3サイズの1枚用紙など、さまざまなフォーマットが使われています。

ただし、そこに共通しているのは、「限られた時間で決裁する＝限界時間」の存在です。

つまり、「限られた時間で、いかに決裁を取るか」が勝負なのです。

決裁が取れる人と取れない人がいることも、すべての企業で見られました。

実は、決裁が取れる人と取れない人の間には、明確な違いがあったのです。

これまで、書籍やセミナーで、プレゼン資料の作成方法や見せ方、決裁者を説得する時の立ち位置など、あらゆるテクニックをお伝えしてきましたが、決裁が取れる人と取れない人の最大の違いとして、私がソフトバンク時代に一番重要視してきた根幹の部分である「ステージ0＝通常業務へのスタンス」が勝敗を分けていたのです。

特に社内プレゼンの場合、プレゼンやその準備以前の「通常業務」の段階から勝負が始まっているとも言えます。

企業規模にもよりますが、時短の流れから、わざわざ時間をかけてプレゼン資料を作成し、社内で決裁を通す手順を踏むという過程も省略化されています。

特に比較的小規模で、トップとの距離がさほど大きくないフラットな企業や、現場の管理職に権限が大きく委譲されている組織なら、1枚の企画書だけでスピーディーに決裁を出し、仕事を進めながら随時、修正や改善を加えていくような業務プロセスを採用している企業も多数あります。

つまり社内プレゼンの場合は、スライドや資料作成だけでなく、むしろ資料以上に

社内プレゼンの攻略ステップ

ステージ2
（本番）

プレゼン

ステージ1
（準備）

資料作成・
事前ネゴシエーション

ステージ0
（通常業務）

＊本書で主に解説
する内容

日常でのコミュニケーション（報連相）
➡上司の思考を理解する➡信頼関係の醸成

他部署の決裁者、キーマンの思考を
理解する
➡決裁への下地作り

「上司とのコミュニケーションの取り方」が、決裁を取る上で大きなウエイトを占めているケースも多いのです。

その一方で、フリーアドレス、テレワークの導入や、サテライトオフィス化、ノマドワークも許容されてきており、直接対面でのコミュニケーションを取る機会が物理的に減少する傾向にあります。

一昔前なら就業後の「飲みニケーション」など、業務時間外で上司や同僚とコミュニケーションを取る機会もありましたが、今ではそれも減ってきました。

そうなると、業務時間内に、いかに上司と接点（コンタクトポイント）を持つかということが課題になってきます。

メールやビジネスチャットなどのコミュニケーションツール類の利活用とともに、1on1やデスクサイドでの打合せなど、限られた時間内で、すばやく効率的な要件処理が求められるのです。

そこで本書は、主に入社3年目までの若い読者に向け、限られた時間の中で、上司や経営層に対して、社内で100%決裁が取れるようになることを最終的なゴールに設定し、その具体的な方法を解説しました。

今、あなたの職場環境では、質・量とも価値ある提案や企画案を、限られた時間の中で極大化することが求められているのではないでしょうか？

ただ、いくら質のよい提案を大量に出したつもりでも、必ずしも承認されないことは、みなさんも経験されているかもしれません。

なかなか自分の提案が通らない、ボツにされることが多い、という悩みを持っている人に対して、本書ではその答えとして、「勝てる社内プレゼンの攻略術＝勝ち筋」を考え、実行することを提案します。

さらに本書では、プレゼンの勝ち筋だけでなく、もう1つの本質的なテーマについても言及します。それは、

「あなたが、本当にやりたいことに時間を使っているか？」

ということです。

この本質的なテーマにふれるにあたって、まず確認していただきたいことがあります。それは、

「そもそも、あなたはなぜプレゼンに勝ちたいのか」

「なぜ社内で提案を通したいのか」

ということです。

結果を出すことで、あなた自身のポジションを上げ、給料や処遇面での向上を願うことは間違いではありません。私もそうでした。しかし、働くということは、ただ単に処遇の向上やプレゼンで勝つのが最終目的ではありません。

もちろん、人それぞれの価値観で仕事をしているわけですが、私の場合は、17年間企業人として仕事を行ってきた中で、「自分の念《おも》い（心の中にある強い気持ち）を実現し、世の中に価値を提供する」という考えに至りました。

会社の資産を使って、何を実現させたいのか。

すべては自分の「念い」がベースにあります。

それは「なぜ、この会社に入ったのか」ということ、すなわち、所属する企業の「企業理念」と自分の「念い」が合致することでもあるのです。

もし今、所属している会社や自分自身の仕事内容に対して疑問や「満たされない何か」があるなら転職するのも1つの道かもしれません。

ビジネスパーソンとして企業に所属し、さまざまな業務を通して得られる経験や、人との出会い、置かれた環境は、あなたが生きていく上で、大きな財産となります。あなた自身の「人としての奥行き、深み」を身に付けるには、入社3年目までに経験できるたくさんの失敗、そこからの創意工夫、克服を経る過程がとても重要になります。

私も多くの失敗を経験してきました。

言わなくてもいいことを言ってしまったり、よかれと思ってやったことが、実は自分本位で、他者に多大な迷惑をかけていたことなど、列挙すればキリがありません。

振り返って「キャリアと成長」ということを考えた場合、タイプの合わない上司との関係性でジュニア時代に苦労したことは、自分がミドルクラスリーダーやマネジメント層に昇進した時、部下の立場を理解する上で、大きく寄与してくれました。

まさに、今、あなたがいる環境で直面している事象そのものが、日々財産になっているのです。

みなさんにも、さらにたくさんのチャレンジをする中で、より多くの失敗と、より多くの成功体験を積んでいただきたいのです。

入社3年目までの人にとって、言われたことをただこなすだけでなく、自分で仕事を創り出し、実績を出していく「自走型人材」に成長していることが、最終的に到達していたいレベルではないでしょうか。

それには、仕事やスケジュール管理、期日までに必要な上司の決裁を取ることなどを自分でマネジメントしながら、コントロールするスキルが求められます。

例えば、仕事を始めるにあたって、最初に大枠でスケジュールを確認するわけですが、スケジュールなどは会社や部署の都合ですぐに変えられてしまうもの。逆にこちらから提案すれば変えられる場合もあるわけです。

ここで「与えられたとおり、指示されたとおりにしか仕事を進めてはいけない」と思い込んでしまうと、スケジュールの調整ですら行き詰まってしまったり、上手く進まなかったりするわけですから、自分で仕事をデザイン、コントロールをすることが大事なのです。

最近の傾向として、テクノロジーの発達とともに、過去の経験則が役に立たないケースも多く、今までになかったような作業を求められることもあります。

これからの時代は、単に言われたことだけをやっていても間に合わない、追いつかない。その中で仕事をするには、自分自身で仕事をデザインし、コントロールしながら結果を出し続け、それを継続していくことがますます求められます。

本書を通して、みなさんが「自走型人材」への成長のヒントをつかみ、力強くキャリアを切り拓かれる一助となれば、それに勝る喜びはありません。

前田 鎌利

目次

CHAPTER 2 上司のタイプを押さえる

CHAPTER 3 求められるスピード・精度を押さえる

CHAPTER 4

企業文化・お作法を押さえる

CHAPTER

1

生産性が問われる時代の「社内プレゼン攻略術」とは

SECTION 1

社内プレゼンの流れ

社内プレゼンの作成工程は次のいずれかです。1つは資料作成を上司から依頼されるパターン。もう1つは、自発的に提案資料を作成するパターンです。

入社当初は業務を振られることが多いと思いますが、日常業務を行う際のコミュニケーションが、実はプレゼンで決裁を得る上でのベースになっているのです。(↓007ページ)

まずは上司から依頼された際の、社内プレゼン5つのフェーズを見てみましょう。

I. 業務依頼(与件)

＊与件：課題として与えられる案件

⬅

II. 業務内容の確認(与件の定義)と準備

3W1H(誰に、何を、いつまでに、どのように)

- 誰に(Whom)：誰に決裁を取る案件か

- 何を（What）…何を考え、提案しなければならないか。どれくらいの精度が求められているか（要件定義、要求仕様の確認）
- いつまでに（When）…締め切りの確認
- どのように（How）…アウトプットの形式、制作物、提出形態（スライド／ハンドアウト／定型用紙／口頭…）と提出場面（メール／口頭／プレゼン／会議／他部署了解と根回し…）

⬇

Ⅲ．提出、提案（プレゼン）

⬇

Ⅳ．決裁／フィードバックと修正

⬇

Ⅴ．実施／展開／結果報告

この5つのフェーズの中でも、特にⅡの3W1Hは基本になりますから、しっかりと与件の定義を確認して、直属の上司と認識のズレが生じないようにします。

SECTION 2

入社3年目までによくある社内プレゼンの種類

社内プレゼンには、大きく分けると「課題解決型」と「新規事業提案型」の2種類がありますが、どちらも、まずは基本である「**課題➡原因➡解決策➡効果**」というロジックで提案内容を構成します。

❶課題解決型

発生している課題に対する解決策を提案するタイプです。

例えば、来客数減少・経費過多・残業が一向に減らない、というような顕在化している「課題」に対して、来客増加・経費削減・残業時間削減について、具体的な解決策の提案を行うケースが該当します。

提案者のアクションとしては、周辺環境の調査、マーケットの動向、職場実態のヒアリング調査や社内の各種データを基に現状を把握し、「何を改善すれば、最も効果が高いか」という解決策を考えて提案します。

プレゼンのポイントとしては、根拠に基づいて、現状と改善後の比較（効果の数値化）ができていると決裁が通りやすくなります。

会議において提案する場合は、時間がなくても「1枚サマリー」（→026〜027ページ）でまとめておけば、端的に説明をして決裁を勝ち取りやすくなります。

ただしこれは、あくまで概要が「1枚サマリー」にまとめられているだけであり、上司の質問に対して答えられるように、補足資料（appendix）は必ず用意しておいてください。

一枚サマリー・フォーマット例1

Z店改善計画

課題	Z店売上：3か月連続前年同月比割れ	
原因	近隣に大型スーパー出店 ラインナップ数、価格で競争力ダウン	
解決策	**オリジナル商品A：単価1,000円高級和菓子**	
	オリジナル商品B：単価2,000円おもちゃ付き	
効果	**A：3か月売上見込：396万円　利益：211.5万円**	
	B：3か月売上見込：300万円　利益：225万円	
スケジュール	**A：5月5日スタート**	
	B：8月1日スタート	
メリット	**A：有名和菓子店＝話題性高・早期開始可能・継続性あり**	
	B：Max1500体の売上見込（300万円）	
デメリット	**A：日持ち3日（廃棄リスク6%／3個）**	
	B：1か月500体の限定生産・マーケットサイズ1,500体で終了	

一枚サマリー・フォーマット例2

○○店 来客数増施策

課題	店舗来客数の大幅減
原因	接客接遇が不評
解決策	店長研修の実施
効果	顧客満足度90%（8月時点）

	A案	B案
解決策	**店長研修の実施**	全スタッフ研修の実施
効果	**顧客満足度90%**	顧客満足度90%
スケジュール	**4/1～4/30**	4/1～5/30
メリット	**コスト30万円•運営継続**	満足度の低い店舗の全員を再教育
デメリット	**店長からスタッフへの浸透に時間要**	•コスト100万円 •休業による機会損失

❷ 新規事業提案型

昨今、既存ビジネスが頭打ちになり、新たな新規事業を模索する企業が増えてきました。人口構造の変化や加速するＩＴ化、「働き方改革」による労働時間の短縮化に伴い、これまでの経験則、成功事例、価値観では対応できなくなってきています。

予測不可能な未来へのアクションとして、新規事業を社内で提案していくことが増えてきている中、これまでのロジカルシンキングの延長線上にある提案だけでなく、デザインシンキングを用いた発想法による、新たなアプローチからの提案も行われています。潜在的課題を抽出して新たなビジネスを創造する新規事業提案は、課題解決型よりも高度なプレゼンテーションです。

「新市場に対する新規商品や新サービス」「新たな事業ドメインの提案」「新たな分野での儲かる仕組みや仕掛けの創案」「持続性のあるビジネスモデル」など、自分から課題やチャンスを見つける課題抽出力、企画力、新規事業の実行力が問われます。

これは、提案者に対して会社のリソース（人・モノ・カネ・時間・情報）を使った仕事を任せられるかの判断を仰ぐことにもなり、あなたの実績は、この積み重ねによって築かれていくわけです。

新規事業提案の場合、事業のマーケットサイズや可能性、インパクト、リスクなどを根拠にして構想し、プレゼンの上、決裁を勝ち取る必要があります。

予算の観点から、新規事業提案には上層部の決裁が必要になる場合が大半です。そのため、直属の上司だけでなく、多部門にわたる協力者の理解、支持を受けられなければ潰《つぶ》されてしまう可能性もあります。

社内プレゼンは通して当たり前

入社3年目ぐらいまでの人にとって、「社内でプレゼンが通らない」「一所懸命やっているのに仕事ぶりを評価されない」「いい提案なのに潰される」ということについて、

「なぜ、自分の提案が通らないんだろう」「この状態を改善するにはどうすればいいのだろう」といった悩みを持つこともあるのではないでしょうか。

私も同じ経験をしたことがあります。提案をしているつもりが、実はただの報告だったこともありました。上司から「何が言いたいの?」「それで、どうするの?」と言われたこともあります。そもそも「決裁・承認を取る」という意識すらなかったのです。

プレゼンによって決裁者に意思決定を促すことが必須であるにも関わらず、「自分が報告して、相手が理解してくれれば、それでプレゼンは成立する」と考えていたという、根本の部分が間違っていたのです。

自分の提案や企画が通らない原因の1つとして、「そもそも単なる報告資料になっていないか?」という根本的な部分を見直してみてください。そこでしっかり提案できているのであれば、その提案が通らない理由として次のことが想定されます。

❶課題の設定が間違っている
❷精度が低い（要求レベル、内容を満たしていない）
❸根拠データが不十分、不明確

❹経営理念と合致していない
❺優先順位が低い
❻費用対効果が低い
❼そもそも信頼されていない

いかがでしょうか？　あなたがプレゼンした案件に該当するものはありませんか？　心当たりがあるのではないでしょうか？

企業は限られた時間の中で結果を出すために活動しています。限られたリソースの中で最大限の効果を出すわけですから、優先順位がついて当たり前。あらゆる提案を受け入れて、すべてを実行できるわけではないのです。

とはいえ、社内プレゼンは社外プレゼンよりも、はるかに簡単。社内とは言わば「身内」のようなものです。身内に対するプレゼンですから、「通って当たり前」。通らないプレゼンには理由があるのです。「通らない」「差し戻し」が生じている場合は、やり方を変える必要があります。

さらに、社内プレゼンは、事前または事後に、調整や交渉（ネゴシエーション）ができますが、社外プレゼンでは、そういうことはほとんどできません。決裁を少しずつ進めていくような、いわば陣地を広げる進め方も社内プレゼンなら可能です。

これに対して社外プレゼンは社内の身内ではなく、赤の他人に決裁をいただくわけですから、部分的に決裁を取って進めていく方法は原則的に取れません。

これが社内なら、「スケジュールはOKだけど、予算は見直しだね。次回までに予算を見直して再度、付議《ふぎ》（会議にかけること）してください」ということもあります。

ところが、社外プレゼンの場合は、競合他社がいますから「今回はB社になりました」という最終結論のみが出る。結論が出てから再度その決定を覆《くつが》すことは、容易ではありません。社内プレゼンのように、「スモールステップで合意形成を図りながら、少しずつ見直す」という進め方は難しいのです。

したがって、「社内のプレゼンは通して当たり前」というのが大前提。その上で、通らない理由を明確にして、「どうすれば早く決裁を受け、実行プロセスに着手できるか」というプレゼンの「勝ち筋」「攻略術」を身に付ける必要があるのです。

社内プレゼンにおいて、結局のところ攻略すべきは、直属の上司の理解・納得を得ることです。上司の決裁をいかに早く、そして限られた時間で、より多くの決裁・

ＯＫを勝ち取れるかどうかで、あなたの実績が決まってくるのです。

実績の極大化＝所定時間内の１件あたりの決裁スピード×件数

実績の極大化のために重要なのが「ステージ０（通常業務でのアクション）」です。具体的な対策方法がわかれば、「プレゼンが通らない」という状況は必ず改善します。

上司のＯＫを勝ち取る方程式

実は、上司のＯＫというのは、２つのポイントを勝ち取ることです。

それは、「安心」と「信頼」です。

安心は、「この提案内容は、さまざまな角度から検討をされていて、根拠も十分だから安心できる」と思ってもらえるかどうか。

信頼は、「この人に任せれば、最後まで成《な》し遂《と》げてくれる」と思ってもらえるかどうかです。

「安心」は、案件ベースで獲得していくフロー（その都度流れる量）的なものです。「この案件の提案内容は大丈夫」と判断してもらうため、質疑応答ではしっかりと質問主旨を理解し、はぐらかさないで答える。正確な数字を伝える。ネガティブな要素を隠さず、それに対するバックアップを用意していることによって勝ち取れるのです。

「信頼」は人に帰属するストック（過去から蓄積された量）的なものです。「この人であれば任せよう」「この人なら託してみよう」「この人だからチャンスをあげよう」というものです。これは一朝一夕に培《つちか》えるものではありません。つまり、日頃の通常業務において積み上げていくのが「信頼」なのです。

では、「安心」と「信頼」を勝ち取るために、どのような要素を意識すれば決裁は取れるのでしょうか？

私が意識してきたのは次の方程式です。

決裁・OK＝［Ⅰ．上司のタイプ（決裁基準）］
×
［Ⅱ．求められるスピード・精度］
×
［Ⅲ．企業文化・お作法］

この方程式を意識することで、社内決裁の9割は決まると考えてよいでしょう。

つまり、プレゼン以前の段階である日頃の通常業務から上司を知り、信頼を積み上げることが、社内プレゼンで提案した時の「安心感」や「信頼感」を醸成しやすく、決裁を勝ち取る方程式の成立につながっていくのです。

社内プレゼンは通して当たり前。決裁を勝ち取り、実行し、実現した上で継続して結果を出すことが求められるのです。

継続して結果を出すには、勝ち筋の方程式をつかむだけでなく、日頃から通常業務を自らデザインし、コントロールする力を付けることが必要になってきます。

「ステージ0」でのアクション

決裁を勝ち取るために、「ステージ0」（↓007ページ）で、普段からどのように上司に接する必要があるかを考えます。具体的には日々の「ポイントを押さえた報連相」が重要になります。報連相は信頼を積み上げる重要な「仕事」です。報連相が的確にできなければ、上司からの心証も悪く、信頼は勝ち取れません。（↓116〜123ページ）報連相をすることで上司の思考が理解できます。また、報連相は直属の上司だけでなく、他本部の決裁者やキーマンの思考を理解する上でも大切なアクションなのです。「ステージ0」のアクションにより、決裁を取る上での攻略ポイントを押さえることが可能となり、それを重ねることで自ずと結果がついてきます。さらに日常のさまざまな通常業務の中で、「どういった内容・種類の案件にかかわることで自分をクオリティの高い仕事へつなげられるか」という視点も手に入るのです。「ステージ0」の意識を極めれば、自分の仕事の質を高めることにつながります。

CHAPTER

2

上司のタイプ

を押さえる

本章では、社内プレゼン攻略術の一番目の要素として「直属の上司や最終的に決裁をする人が、どんなタイプの人なのか」を押さえるメリットを解説します。

上司（決裁者）のタイプを知ってプレゼンに活かすことは、新卒で配属先が決まった時だけでなく、人事異動、転職で職場が変わった時にも有効です。

「彼を知り己を知れば百戦殆《あや》うからず」

みなさんもご存知の「孫子」の一節です。「社内プレゼンは通して当たり前」と述べましたが、プレゼンで決裁を得るには、孫子の言うとおり、彼（上司・決裁者）を知ることが、まず必要なアクションになります。

ここでいう「知る」とは、ただ単に上司の性格を知ることではなく、

「どうすれば話に興味を示してもらい、時間を取ってもらえるか？」
「話をする際、どう説明すればよいか？」
「決裁者のジャッジポイントは何か？」

などを、よく観察してプロファイリング（「こういう言動の人は、こういうタイプが多い」というように言語化・整理分類）しておくことです。

私の所属していたソフトバンクは、新しいビジネスへの展開やM&A（企業合併）などがスピーディーに展開される企業でしたから、頻繁《ひんぱん》に人事異動や組織改編が実施されました。したがって上司や決裁者とすばやく関係構築を図る必要があったのです。

その時、本章で紹介する方法を使ってスピーディーに上司や決裁者を知ることで、決裁件数も増え、アウトプットを次々出していくことにつながったのです。

これは、人事異動が頻繁でなくても、転職して別の会社に移った場合や、社外から新しく上司が来た際にも有効です。

では、具体的に、何を意識してプロファイルすればよいのでしょうか？ポイントは、決裁者の「意思決定における決裁基準」をつかむことに焦点を当てます。

つまり、上司や決裁者が意思決定において、「何をどれくらいのスピードと精度で行なっているか？」「こだわりのポイントは何か？」ということを日常の通常業務の中からプロファイリングしていくのです。

SECTION 3

社内プレゼンの攻略要素1

上司のタイプ

上司のタイプとこだわりポイント（決裁基準）を理解する

社内プレゼンで決裁を勝ち取り、円滑に仕事を進めるには、上司について次のことをプロファイリングしてみましょう。

プロファイリング項目

❶**タイミング**（就業前、就業後、経営会議後、定例会議後などアイドルタイムを知る）
❷**キーマン**（右腕となるキーマンにはどういった意見を求めているのか？）
❸**根拠となる情報**（データ、出典などは、どれくらいの量と精度を求めるのか？）
❹**時間軸**（短期的成果と長期的成果のどちらにウエイトを置いているか？）

❺インパクト・スケール（実施した場合の出世や評価への影響度合いを意識しているか？）
❻自走型か指示待ち型か？（上位職の指示で動くか、自分で課題を発見して提案するか？）
❼意思決定（自分の主張を通すか？ 周りの意見を参考にするか？）
❽上位職の顔色（見ているウエイトが大きいか、小さいか？）

まずはこれらの内容をプロファイリングするだけで、「上司（決裁者）の傾向」が見えてきます。

上司（決裁者）が、どういう思考パターンで意思決定をするのかを押さえることで、突っ込まれそうな事柄についての対策や提案内容のロジック補強、最適なエビデンスの準備もできるのです。

プロファイリングができたら、０４３ページの事前準備が整っているかについてチェックしてみてください。事前の説明や根回しなどによって、スムーズな決裁を受けて仕事を進められます。

上司のプロファイリング項目

項目	具体的内容	
❶タイミング	いつか？	
❷キーマン	誰か？／どんな意見を求めるか？	
❸根拠となる情報（データ・出典）	何か？／どれくらいの量・精度が必要か？	
❹時間軸	短期的成果	長期的成果
❺インパクト・スケール	小さい	大きい
❻自走 / 指示待ち	指示待ちタイプ	自走型タイプ
❼意思決定	他者意見を参考にする	他者意見を参考にしない
❽上位職の顔色	意識する	意識しない

事前準備項目

□**直属上司との関係性**：信頼を勝ち取れているか？
□**ステークホルダー**：攻略すべきキーパーソンの特定とプロファイリングは？
□**ネゴシエーション**：キーパーソンへの根回しは十分にできているか？
□**事前理解**：関連部署との関係性において、提案内容への理解や支持、協力やサポートを勝ち取れているか？

といった準備が必要になります。プレゼンは準備が9割。しっかりと準備して挑んでください。それではまず、「直属上司の攻略術」から見ていきましょう。

直属上司の攻略術

直属の上司のプロファイリングができていれば、あなたは上司が求める「スピード」

や「精度（完成度）」を理解しているはずです。

しかし、最初から100%マッチすることは不可能でしょう。日々の通常業務を通して、ズレをなくし、ジャブを打ちながら距離を縮めていくのです。

求められていることを正確に把握する

ビジネスでまず求められるのは、理想の「正解」（唯一の正しい解）ではなく、現実的な「最適解をいかに速く考えられるか」です。具体的に言うと

❶会議や打合せで意見を求められた時に、的確に答えられる
❷業務で提案を求められた時に、採用される提案ができる

ということが挙げられます。求められた「問い」に対して、すばやく、適切な根拠を示しながら、論理的に、シンプルに答えを導けるかどうかがポイントになります。

会議でも上司の受け答えに注目する

1. 上司のコメントをプロファイル

- 発言傾向、意思決定の傾向を把握する
- 「役職者としてのコメント」を引き出す量を増やす

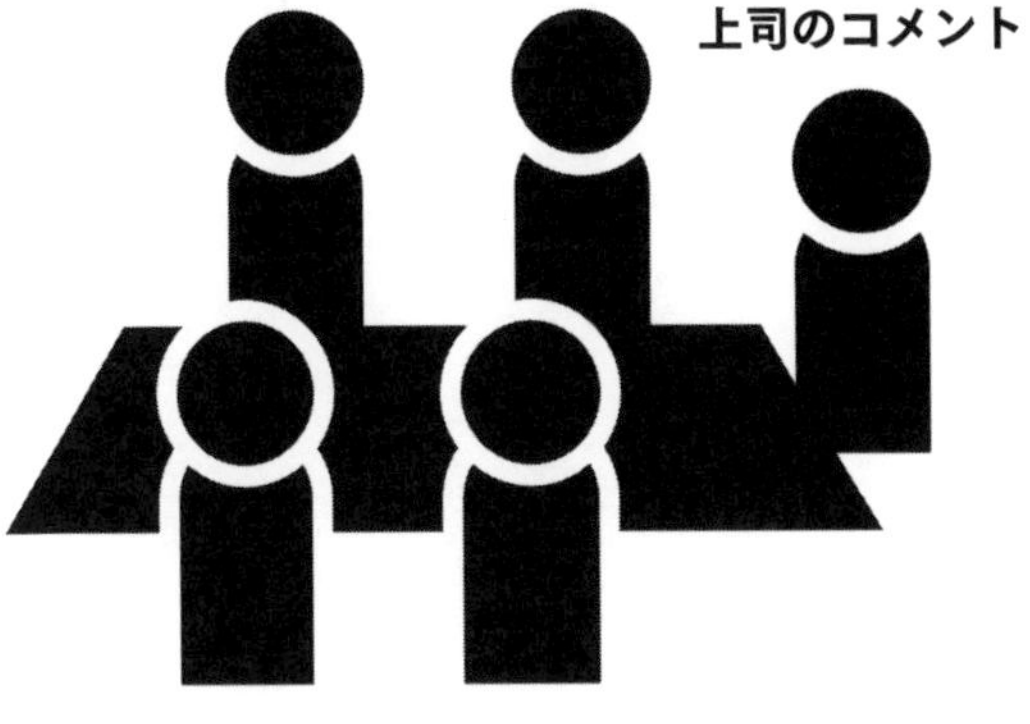

2. 上司のコメントを予測

- 自分の想定コメントとの乖離《かいり》（差・距離）を常に意識する

会議や打ち合わせという、通常業務の場では自分が発信することだけではなく、他の部員や役職者が話す内容にも耳を傾けます。

その際、「発言した人に対して、上司がどのようにコメントをするか」にも注意を払ってみてください。

さらに＋αとして、上司が実際にコメントをする前に、上司のコメント内容を予測するのです。例えば「こういう場面では、こういう反応をするだろうな」とか「ここは『甘い』と突っ込まれるだろうな」というような具合です。

この鍛錬を日々の業務において繰り返し行うことで、実際のコミュニケーションでも、上司の考えを探るために数多くのジャブを出し続けられるようになります。

通常業務の「ステージ0」から、意識的にこの鍛錬を行うことで、知らないうちに、あなたの引き出しの中に「上司の発言や意思決定の傾向」といった各種項目がプロファイリングされていることを実感する時が訪れるでしょう。

プレゼン、提案を通すには仕事の距離感、信頼度がカギに

上司の「こだわるポイント」をつかむには、飲み会やゴルフなど、ともに過ごす時間の長さではなく、「定常的な関係性の構築」を意識することが大事です。

上司や決裁者とのコミュニケーションを取る場として、業務時間内なら得意先への移動中で1対1になる時間や、業務時間外なら飲み会なども含まれますが、それより有効なのは、普段の業務中に定期的にコンタクトポイント（接点）を持つことです。

つまり、上司と飲みに行ったからといって、コンタクトポイントが増えて決裁が通りやすくなるかと言えば決してそんなことはなく、「仕事の距離感」として上司に近いところでコミュニケーションを常に取り続けることが大事なのです。

この「定常的な関係性」が構築できていれば、上司との距離感は近くなります。ただし、ここで近くなり過ぎてしまうと、逆に見たくないもの、見られたくないものまで見えてしまうことがあるので、適度な距離感は必要です。

例えば、上司の趣味は知っていても、自分の側に興味がなければ、お互いの趣味の領域までは踏み込まない。あるいは、ＳＮＳなどでつながっていても内容についてあまり深く言及しない、などです。

もちろんあなたの判断で、上司と趣味が合えば、その趣味を共有することで、さらに距離感を縮め、定常的な関係性がさらに深まっていくことも十分あり得ます。

最終決裁者とキーパーソンを知る

ごく当たり前のことですが、最終的に誰の決裁を取る必要があるか、与件の最終決裁者、意思決定者は誰かをしっかり把握することが重要です。

例えば、部署内で最終決裁される案件であれば「直属の上司➡課長➡部長➡部門長」ということになるでしょうし、案件によっては経営陣や社長の決裁が必要になる場合もあるので、与件を振られたらまず「誰が最終決裁者なのか」を確認します。

次に、その決裁者に影響を与える事柄とキーパーソンは誰か？　キーパーソンは、意思決定者が重用するコメントを発している人です。キーパーソンのプロファイリングができていれば、キーパーソンから突っ込まれそうな事柄も併せて準備できます。

大企業の場合、通常なら一般社員がトップに直接プレゼンすることはほとんどないのが実情です。直属の上司とその上位職ぐらいまでが大半でしょう。

ただし、部門横断型のプロジェクトや複数の部門にまたがる案件の場合、それぞれの部署における「最終決裁者に影響を与えるキーマンが誰か？」「筋を通しておかなければならないのは誰か？」のように「根回し」が必要になるなど、仕事の進め方において配慮を求められることもしばしば。会社で決められた正規のプロセスだけでなく、明文化されず慣習として定着している「暗黙知」の部分をスルーしてしまうと、それを理由に提案が通らないこともあります。

とりわけ、大手企業は縦割りになりがちで、自部署を優先する上司も多いですから、必ずキーパーソンを押さえてください。

SECTION 4

「ハーマンモデル」で上司のクセを知る

「ハーマンモデル」による上司のタイプ

「ハーマンモデル」とは米国GE（ゼネラル・エレクトリック社）能力開発センター所長のネッド・ハーマンが、ノーベル賞科学者ロジャー・スペリー氏などによる大脳生理学の研究成果をもとに開発した、人の「利き脳（人が無意識に使う思考の特性）」を知る手法です。人の「思考特性」は、その人の意思決定、問題解決、コミュニケーション、マネジメントスタイルというビジネスシーンでよく使われる能力に影響します。

ハーマンは、脳を4つの部位に分け、各部位の機能マップを作成し、脳波計により、この分類の正しさを検証しました。「ハーマンモデル」は個人や組織の思考行動特性を数量化し、その特性を具体的に評価して、個人の能力開発や組織の活性化に役立てることができます。とりわけ、コミュニケーション、人材を適材適所に配置する、チームビルディング、マネジメントやリーダーシップ開発などで広く活用されています。

参考：Herrmann Brain Dominance Instrument（ＨＢＤＩ）

このハーマンモデルの4タイプによれば

A象限（左上）：分析する人　：論理的思考、事実の分析、数字の操作
B象限（左下）：組織する人　：アプローチ方法の計画、事実の体系化、詳細な検討
C象限（右下）：人間関係を重視する人　：対人関係、直感的、表現力
D象限（右上）：視覚化する人　：想像力豊か、大局思考、概念化

出典：ネッド・ハーマン『ハーマンモデル』東洋経済新報社 2000年）

ハーマンモデルをベースに著者が整理・分類した上司の４タイプ

A **論理型** ロジカルで数値などのファクトを重視するタイプ	D **独創型** 気短だが、興味のあることは深掘りするタイプ
B **堅実型** 計画的でプロセスを重視するタイプ	C **感覚型** 基本的に自分の好き嫌いでジャッジするタイプ

出典：著者作成

のように分類し、どの部位が優位かということを考えています。

この分類をベースに、私の17年のビジネス経験および、600社（延べ2万人）を超える講演・研修・コンサルタントなどの経験から特徴付けられる要素を加味して考えたのが右ページの4タイプです。

A．論理型：ロジカルで数値などのファクトを重視するタイプ

経営計画、管理会計、マーケティング、テクノロジー、システムなどの部門でキャリアを積んできた人に多く見られます。

このタイプの人は、根拠となる数値、定量データでジャッジすることが多く、他の人にもロジカルに説明・説得することを求めます。

そのため、論旨や根拠がしっかりした資料を準備し、細かい質問に対する想定応答集、エビデンス（根拠、データ）をしっかり準備することが決裁のポイントになります。

論理型タイプの人に対してプレゼンをする場合、「**課題⬇原因⬇解決策⬇効果**」というロジックで提案内容を構成し、結論から話すことを原則として、聞かれたことに対してエビデンスを示して説明できるように準備しておきます。

例えば、提案の根拠を説明する場合、

「ユーザーのニーズ調査で購買率20％という予測数値が出ています。これは、昨年のキャンペーンで行った施策結果の15％を5％上回った予測となっています。

今回のキャンペーン施策に、さらに5000万円分の広告を投入して購買率を5％上昇させ、購買率25％、3億円の利益増を見込みたいと思います。

広告効果の上乗せ5％は、先月の広告効果の8掛けで試算したものですので、コンサバティブ（控えめ、無難な線）に設定しています」

というような説明であれば、具体的なリサーチによる数値、根拠となるデータが明確なため、説得力があります。

Aタイプ：論理型の傾向と攻略ポイント

傾向

- 提案内容にデータの根拠や精度の高さ、完璧なロジック、論理構成などを求める傾向

攻略ポイント

- 評価軸：「数字」「データ」「確率」などの客観指標を重視する
- アプローチ：「精度の高さ」をアピール、訴求する
- 作成すべき資料例：専門部署のチェックや見解。資料はトリプルチェックなどを行い、誤字脱字を防ぐ

B・堅実型：計画的でプロセスを重視するタイプ

カスタマーサービスやコールセンターなどの顧客対応部門、技術系、システム部門の経験者に多く見られます。

このタイプの人は計画性や実現可能性、業務プロセスを重視する傾向があります。したがって、提案内容がロジカルで合理性があっても、「現場のオペレーションやスケジュールが現実的ではない」と判断すれば決裁は下りません。

そのため、提案内容を実際に現場でテストした結果や、関連部署との調整なども考慮したスケジュールを提示して、現実的に実施可能であることをアピールするのが効果的です。

特に、前例のない案件を提案する場合、このタイプの人は極めて慎重な判断をする傾向が強いので、「どうすれば無理なく導入できるか、現場への負担はどの程度か」ということについての調査、根拠をしっかり持っておくとよいでしょう。

このタイプの人にプレゼンする場合の話し方については「結論⬇根拠」という提示の仕方だけでなく、プレゼンの途中で「今、何について話しているか」や「結論に至るまでの思考のプロセス」を示し、情報を整理しながら相手に届けるようにします。

Bタイプ：堅実型の傾向と攻略ポイント

傾向

- 提案内容に対するデータ量の厚み、前例、進め方や手続きの正当性を求める
  ⬇例外や特別措置などを講じる場合は「正当な理由に基づく緊急性」が必要

攻略ポイント

- 評価軸：「細部のツメ」「手続きやプロセス」「実現可能性」「現場感」
- アプローチ：データ量や要求に対する擦り合わせを訴求する
- 作成すべき資料例：データの厚み、現場の声

C．感覚型：基本的に自分の好き嫌いでジャッジするタイプ

営業など、対人関係の中で仕事を進める業種でキャリアを積んできた人に多く見られます。

このタイプの人は人間関係や他部署との関係性を重視するので、提案内容の是非はもちろんのこと「関係部署との合意形成は大丈夫か」「上層部からの認識や承認は取れているか」というような点にも配慮されているかどうかをチェックします。

そのため、普段からのコミュニケーションによる情報共有や意思疎通が欠かせず、これを怠るとなかなかＯＫしてもらえません。

このタイプの人にはある程度自分からコンタクトポイント（接点）を持ち、報連相を小まめに行うなど「信頼感」を醸成することで人間関係の下地作りをします。

Cタイプ：感覚型の傾向と攻略ポイント

傾向

- 提案内容そのものも大事だが、「誰が提案したか」に重きを置くタイプ

攻略ポイント

- 評価軸：「提案者の好き嫌い」が加味される部分が大きい
- アプローチ：事前のネゴ、普段の付き合い、他部署の理解を根拠にする
- 作成すべき資料例：上司が指摘した部分の修正、表現を取り入れる

D．独創型：気短だが興味のあることは深掘りするタイプ

広告、デザイン、営業などのキャリアを持つ人に多く見られます。

このタイプの人は斬新でインパクトのある、イノベーティブな提案を好む傾向があるので、提案したい内容が該当するのであれば「世界初」「業界初」「社内初」などの「初もの」であることをアピールすると効果的です。

「独創型」といってもビジネスである以上、ロジックを軽視することはありませんが、それ以上にビジョンやストーリーを重視する傾向があるので、根拠となるデータの裏付けは添付資料で持っておき、プレゼン本番では提案者の事業にかける「念《おも》い（心の中にある強い気持ち）」や、提案が実現した場合に生み出される「価値」を、具体的にイメージできるようなビジュアルを駆使して伝えると効果的です。

これは独創型の人が長じている、物事の理解、把握の仕方に特徴があるからです。彼らはまず、「要はどういうことか？」というような「全体を大づかみにしたい」という欲求が強く、それがストンと腹落ちすれば、細部についても詳細に詰めて聞こうとします。

そのため、プレゼンやコミュニケーションの方法も、「最初に何を見せれば、相手の興味を引き込めるか」ということを工夫することがポイントになります。

また、独創型の人は大きな結果を早急に求める傾向があり、「自分にとって興味があるかどうかがまず重要」という特性があるため、サマリーでまとめたり、提案の背景にあるストーリーを見せたりして、感情を動かすところにアピールポイント（訴求点）があります。

Dタイプ：独創型の傾向と攻略ポイント

傾向

- 提案内容に対する独創性、差別化、事業インパクトを求めるタイプ

攻略ポイント

- 評価軸：「魅力あるサマリー」「成功に至るストーリー」
- アプローチ：感情を動かすことで訴求する
- 作成すべき資料例：ビジュアルでわかるもの。効果的な比喩、キャッチコピーなどを工夫することも大事

「ハーマンモデル」で対応しようと思ったきっかけ

「ハーマンモデル」をベースにしたこの方法を試したのは、約17年にわたって、私が歩んできた通信業界の特徴でもありますが、ひっきりなしに組織が変わることが大きな理由でした。

上司もすぐに変わり、それまでの部下が上司になったり、上司が部下になったりということは日常茶飯事で、人の入れ替わりや部署の異動も激しかったのです。

さらに、多くの部署や組織、会社を兼務することもあり、新しい業界の方々、外部の方々と接する機会が多分に増えていったことも関係しています。

そこで、初めて仕事をする方々や上司、部下、異なる企業文化に対して「どうすれば迅速《じんそく》に順応できるか?」「どうしたら提案を通しやすく、実現させていけるか?」ということについて、すごく悩んだ時期がありました。

自分が新しい部署に移って来た時、当然、古参の人たちとのコミュニケーションギャップがあります。上司からすると、ずっといる人と新しく入ってきた人のどちらが使いやすいかと言えば、当然、ずっといる人のほうが使いやすい。

そこで早くキャッチアップして上司にアプローチできないと、対等に仕事ができないため、いかに早くギャップを埋められるかについて、いろいろと学びました。その時、ハーマンモデルに当てはめて考えると、比較的短い時間でうまくいったのです。

もちろん、そのままタイプが当てはまるわけではなく、営業職上がりの上司だからといって、皆がみな、十把《じっぱ》一絡《ひとから》げに「感覚型」というわけではありません。中にはすごくロジカルな人もいます。そういう上司にはロジカルなアプローチも織り混ぜて接するわけです。

また、ひたすら自分の仕事に向き合っていて、部下育成などにはあまり興味がない「堅実型」の人もいます。上司のタイプに対応した接し方を知らなければ、成果が出せないばかりでなく、下手をすると嫌われたり、イジメに遭うなど、人との付き合い方に悩むこともあるのです。

これらの問題を解決していくのに、ハーマンモデルをベースにしながらアプローチしてみると、最初にどのタイプかを想定しているため、思った以上に手応えを感じると思います。

4つのタイプを理解していると、初めて接する際、ある程度想定ができるだけでなく、特定のタイプを想定して、実際に接してみてうまくいかなかった場合でも、別のタイプの対応でリカバリーができるのです。

ハーマンモデルを基本にしてプロファイリングが進めば、先回りして相手の興味関心をつかむことも可能です。自分の伝えたいことを聞いてもらいやすくする人間関係の構築は、良好なコミュニケーションのコツです。

次項からは、よくある上司のタイプに対して、この「ハーマンモデル」をベースにした接し方・攻略術を、より実践的に、具体的にお伝えします。

SECTION 5

Aタイプ：論理型上司の基本攻略術

論理型上司は左脳で物事をとらえるため、アプローチの基本は「いかにロジカルに攻めるか」です。基本的な伝え方としてはまず、次の2点を押さえます。

- 結論と根拠をワンセットで示す
- 内容は「**課題➡原因➡解決策➡効果**」という「型」で示す

さらに、結論や解決策を提案しても「それが、どういうエビデンスに基づいているのか」がしっかりと裏付けられていないと説得力がありません。そのため、いかに「提案内容に安心してもらえるか」が重要になります。この「安心感」は上司の質問に答えることによって醸成されます。例えば、プレゼンでは限られた時間しかないため、手短に結論のみ「こういうアクションを取ると、売上が10倍になります」という説明をしますが、上司から「10倍の根拠は？」と必ず聞かれるでしょう。

その際、「リサーチした結果、ユーザーの反応として、○○の数字が出ています。購買率を過去の実績に照らしてみて、この数値のおおよそ20％が他のキャンペーン同様に反応すると仮定した場合、10倍というのは実現可能性の高い数字です」というように、根拠をきちんと伝えられるかどうかがポイントです。

特に、何らかの数値目標、効果予測を提示する時は、その数字の根拠を必ず準備しておくことが必要です。

7割の精度

ただ、その根拠について完璧に証明できるまで検討していたら、ビジネスチャンスは終わっているかもしれません。すべてが証明できなくても、見通しや見立て、あるいは、どの程度見積るかについて、上司に「納得感」を持たせることが、一番の決裁ポイントになります。

道	天	地	将	法
頂	情	略	七	闘
一	流	攻	守	群
智	信	仁	勇	厳
風	林	火	山	海

そこで、「7割」のロジックです。

これは孫正義氏が「孫子の兵法」と「ランチェスター戦略」を基《もと》に作成した25文字の漢字のマトリックスから成り立っています。ソフトバンクにおいて、孫正義氏が意思決定を行う時は、このマトリックスをベースに決断していました。その中にある「七」です。

7割で勝負をかけろ
9割まで待つと手遅れ
5割で戦うのは愚かだ

つまり、「すべての根拠を集めていたのでは手遅れになる。足りな過ぎても意思決定できない。7割を意識しろ」という意味です。

ただし、この7割の目安は、上司によって異なります。日常の「ステージ0」（通常業務）で7割の精度を見極めます。

タイミング

ロジカルな人にいくらロジカルに説明しても、「NO」と言われる場合もあります。人や状況によって異なりますが、例えば、「キミの言っていることは正しいんだけど、そもそもこれをやっても、利幅が小さ過ぎる」「リカバリープランは完璧だけれども、何らかのトラブルが起きた時、ちょっとリスクが大きくて、今のタイミングでは難しいので見送ろう」という場合もあります。

つまり、その人がいくらロジカルな思考パターンを持っていたとしても、タイミングや状況、優先順位付けによって意思決定されない場合（保留）があるのです。

このような場合は、ロジカルさが問題なのではなく、別の力が働いている時ですので、提案タイミングの問題として時期を改めたり、別の案件に差し替えたりと、その時の状況に応じて臨機応変に対応する柔軟さも、時には必要になります。

SECTION 6

Bタイプ：堅実型上司の基本攻略術

堅実型上司は大きく2種類に分類しています。それは、「エビデンス偏重型」と「マイクロマネジメント型」です。

❶エビデンス偏重型

「エビデンス偏重型」は、「意思決定はデータでロジカルに行うタイプ」「心配症で、とにかくデータをたくさん集めて、どんな質問にも応えられるように準備をするタイプ」ですが、おおまかには次のような特徴があります。

- 根拠が完璧でないと安心できない
- 仮説のダブり、ヌケ漏れや結論に対する根拠の明示を気にする
- 新任で経験が浅い

用意すべき根拠の周到さと省力化のバランス

このタイプの人への対策として、コミュニケーションにおいては、「まず結論から話すこと」を押さえるとして、資料準備が多くなるので、部下側では手数や工数をかけ過ぎないようにする工夫が必要になります。

例えば、「スライドにしなくてもいいものは、わざわざPowerPointで資料作成をしない」「資料も改めて書式を調えず、ソースさえしっかり示せればよしとする」などです。

これは経験の浅い新任の管理職などに多いのですが、とにかく「失敗したくない」という気持ちが強いので、やたらと資料を綺麗にしたり、エビデンスとなるデータを大量に求めたがる傾向があります。

私も、堅実型タイプが直属の上司（課長など）の時、さらにその上のレイヤーの上位職（部長など）が聞いてくる恐れがあるエビデンスを、課長の求めるまま、膨大な量のデータを集めて準備しましたが、結局ほとんど使いませんでした。私だけでなく、部下もかなり疲弊したことを覚えています。

例えば、部長が「大事なのはA・B・Cだ」と考えているのに対して、課長は「A・B・C・D・E・F・G・H」まで資料として持っていようとした場合、こちらとしては課長が望むHまで準備する作業が発生します。

ところが、部長は「A～Cまででいい」ということをプロファイリングして把握できていれば、Hまでの情報を集めることは不要です。そこで「EかFぐらいまでで十分じゃないでしょうか」と言って課長を納得させることが必要になるわけです。

とはいえ、このような伝え方では「NO」と言われますから「部長はいつも、○○の観点を確認されますから、Fまでよいかと思います。それに、Hまで準備すると、別件のアウトプットがかなり遅延しそうなので、今回はFまでとして一旦進めさせてくださいい」というような言い方で伝えてみましょう。

他のアウトプットが出てこなくなることは上司にとってもマイナスで、堅実型のタイプとしては、より多くの成果をさらに上の上司に示したいという思考が働きますから非常に効果的です。

先に述べたとおり、この方法は、そもそも部長のプロファイリングができていることが前提になります。日常的に直属の上司だけでなく、会議などに出席する機会を得た時は、さらに上のレイヤーの人々をプロファイリングすることをお勧めします。

このタイプの上司に信頼されるには、聞かれた時、何がどこにあって、必要な情報をすぐ提示できる準備や情報整理ができていること。聞かれたことに対して、スピーディーかつ適切に答えられることが一番のポイントになります。

胆力のある上司はリスクが取れる

ここで言う「堅実な人」というのは要するに、「成功の見通しが100%にならないと嫌だ」という人です。

石橋を叩いて渡るタイプなので、どうしても「失敗のリスクを下げよう」という気持ちが強い。その上で費用対効果をしっかりと見極めて、定量的にも説得力のある根拠、データを求める傾向があります。

そのため「業績的に大きく跳ねるか、どれだけゲインできるかどうか」というよりも、物事を始める際には「最小限のリスクに抑えよう」ということを優先しがちです。具体的な部署で言うと、財務系や管理部門のセクションというのは、「この予算を使って、どの程度の収益効果を見込んでいるのか？　その根拠は？　累損が解消される時期の確度（確からしさ）はどれくらいか？」というような、財務的な視点の内容が明確にならないと決裁が下りにくい場合が大半でしょう。

管理業務系以外の開発系や営業系の部署でも、ＰＤＣＡの「Ｐ」の段階で１００％を求めるタイプは、「とりあえずやってみろ」ということではなく「この場合はどうするんだ？」「こういうことが起きたらどうするんだ？」とあらゆる事象を想定してリスクヘッジを講じないとＧＯが出せないという人も散見しました。

このようなケースで意思決定できる上司は、自分でも、ある程度場数《ばかず》を踏んでいて、「これくらいだったらリスクを取れる」ということが計算できる、胆力《たんりょく》（勇気・度胸）のある人です。胆力がある上司なら、計画段階であまり細かく検討しなくても、業務を進めながら適宜、修正を講じるような手も打てるのです。

❷マイクロマネジメント型

「マイクロマネジメント型」は、ロジカルというより、細かく管理をするタイプですが、次のような特徴があります。

- 慎重過ぎる
- 重箱のスミを突く
- 部下の動きはすべて管理したい

「マイクロマネジメント」をしたい心理

私の事例ですが、こんな上司がいました。私に「これ、やっといて」と指示を出してから3分後にやってきて「できた？」と聞いてくる「3分上司」です。一度や二度ではなく、毎回そんな調子でした。

「いやいや、3分前に頼まれたのに、できるわけないでしょう」と思いますが、あまりにも極端な時間軸と細かなマネジメントをする人でした。

これは、不安の現れ。もちろん、私を信用してもらえていないことや、案件が重要かつアウトプットにスピードを求められるものだったという要因は考えられますが、「自身の管理下でしっかり管理したい」という心理から出てくる行動です。

マイクロマネジメント上司への対策

私は、この3分でアウトプットを求めてくる上司には、3分より早く上司に対して、依頼された案件を進める「方向性」を示しました。これによって信頼を獲得し、早めに報連相をするアプローチを繰り返すことで、自分のペースも勝ち取りました。

3分まで極端でなくても、その上司なりの時間軸をプロファイリングできたら、その時間内で何かしらコメントバックできるように準備をしておくとよいでしょう。

この限られた時間で上司が求めているのは、「進捗を確認して安心したい」ということです。ですから、進捗確認と資料チェックの「こまめな報告」で手当てするのがいいでしょう。

マイクロマネジメント上司は、この「こまめな報告」で何かの意思決定をすることは、ほぼありません。目的は、チェックをすることで安心したいからです。

このタイプの人は「マネジメントチェックボックス」のようなものがあって、チェック項目を全部チェックして、できていれば終わり。チェックはしたけれども、その後、何をするということがない。

細かいところまで聞いたから、それで何かしらジャッジをしてくれるかというと決してそうではなく、「とにかくチェックをしたい」「とにかくわからないところをクリアにしておきたい」ということです。

このタイプの管理下にいると、今の時短の流れとは全く逆方向で、事務作業が増えていく一方です。そこで「いかに要領よくやるか」がテーマになってきます。

ただここで「これ、やらなくてもいいんじゃないですか」「もっと効率いいやり方ありますから、これじゃないほうがいいんじゃないですか」と言うと、カンに障《さわ》る上司も多いので注意が必要です。

そこで、私が実践したのは、「一旦持ち帰る」という方法です。「これとこれ、あれとそれも調べといて」と言われて「了解しました。調べてみます」と一旦持ち帰るのです。そして、適宜、途中経過の報告を挟《はさ》んでいくことで安心させます。時間が空くと熱も冷めたりするため、「時間をずらす」のはかなり有効でした。

重箱の隅を突きたい人の心理と対策

マイクロマネジメント上司は、「重箱の隅を突くようなマネジメントをする人」でもあります。


「あの件、どうなってる？」

「これはいつまでにやるの？」

「これ何時までにできるの？」

というように、仕事のプロセスを細かく管理したり、進捗確認も毎日チェック。

書類に関しても「て・に・を・は」や「申します・おっしゃいます」というような敬語表現について、やたらと細かく一生懸命直す。

部下のほうはペーパーワークに時間を割かれてしまって、どうでもいいことに多くの時間を費やされる。しかもそれがゴールに直結するかというと全くそうではなく、あくまでもその上司のマイルールや感覚的な見解であることが多いのです。

このタイプの人は、部下を管理していることで安心しますが、細部の管理に長けていても、大局が見られないこともしばしばです。

そこで、なるべくコミュニケーションを取り、管理満足度を上げます。ある程度、満足感が醸成されると提案も通りやすくなり、さらに「それよりもこれがいいですよ」という代替案を出すことで、プラスの信頼を勝ち取れます。

言われたとおりに何でも全部やるだけではなく、自分で考えて「＋α」での置き換えを試みるのは有効な手法です。

SECTION 7

Cタイプ：感覚型上司の基本攻略術

感覚型上司は大きく2種類に分類しています。それは、「ことなかれ型」と「機嫌型」です。

❶ことなかれ型

「ことなかれ型」は、次のような特徴があります。

- **判断しない**：自分では意思決定しない人で、上司の見解を第一とする。部下の

提案に対しても適切なフィードバックができない（自分は一切責任を取らない）

- **丸投げ**：自分よりも上の上司の言いなりに指示や判断をそのまま下ろしてくる
- **ノーアクション**：自分よりも上の上司に対して、ネゴシエーションやヒアリングをして部下にフィードバックしてくれるようなことはない
- **サイレント**：基本的に波風を立てるのを好まず極力自分を出さないようにする

大手企業の管理職で、あまり権限委譲されていない場合において、こういう上司が散見されます。

例えば、提案したプレゼンがNGだった場合の回答として、「役員会で決定したから」とか「○○本部長が言ったから」ということだけですまされてしまい、「NGの理由や決裁・承認を得られるポイント、改善点」がつかめない状態に陥ったりします。

このタイプの人は「上の人はどう思うか」「誰がどう言ったか」というように、「人」と向き合うことを重要視するため、非常に感覚的であり、その場その場の判断をするような自発的意思決定が苦手です。

また、上位職からの指示は「これ、上から来たからよろしく」という形で丸投げし

てくる伝書鳩の役割は果たすものの、依頼されたものを提出しても、上位職の決裁が通らなかった場合、「上がダメって言ったのでダメだった」と返されるだけで、「なぜそれがダメなのか」「決裁を通すにはどうすればいいのか」というアドバイスもないため、部下側は前に進むことができない状態になります。

「責任逃れ」をする上司の心理

自分で決めない人、決められない人というのは、そもそも組織上権限が与えられていないこともありますが、その人自身がその上の上司を説得し、責任を持って成果を取りに行くような胆力を持ち合わせていないことが大きな要因です。

したがって、「上の言うとおりに動くことで責任を取らなくてすむ」というポジションに甘んじることで保身を図ろうという心理です。

部下側にとっては、何度やってもその上の決裁でひっくり返されたり、覆ったり、やり直しになることで、非合理的かつストレスも大きく、心身に影響を及ぼすことが問題になります。

「責任逃れ」タイプの対策

私にとって、実はこういうタイプの人はむしろ扱いやすく、「最終的には自分で自己完結できる内容だからやらせてください」というふうに啖呵《たんか》を切ってしまうと、案外「じゃあ、やってみれば」といって任せてくれました。本人にはあまり意思がないので、自分が責任を負わないのであれば、強く反対もしないのです。

したがって、意思を強く持たない上司には、通過儀式として直属の上司には通すものの、自分が積極的に意思を持ってしっかりと主体性を発揮すれば、内容や仕事への向き合い方がさらなる上位職にも伝わり、いつの間にか、ポジションが入れ替わることもありました。

年功序列の会社では見られないかもしれませんが、その上司が他の部署へ交渉や承認を取りに行く際は同席して、自分から所属部署の新たな方向性について、自信を持って言い切る。これが一番手っ取り早い攻略術でした。

そうは言っても、意思決定してもらわなければならない場面もあります。

このタイプの人は、責任の所在が他者であればいいわけですし、何かしらの言い訳が立てばいいので、取り巻く環境や情報を駆使して、あるいは事前に意思決定しやすいように仕込んでおくことも有効です。

例えば、私が営業を担当していた時、上司にさまざまな提案をしましたが、あれこれ言いがかりを付けられて、すべての提案をいなされたことがありました。

今思えば、新しく赴任したばかりで部署や業界のこともよくわからず、決めかねていたのかもしれませんが、当時は何も決まらないまま半年ほど過ぎてしまいました。

ある時、取引先の担当の方が、われわれの提案について立ち話をしていた時、私の上司に対して「○○はいいですね～。それだったらうちもやってみたいな～」と言われたのです。

それは以前から直属の上司に提案していた内容で、半年間、何かと理由を付けて却下した案件だったのに、その場で「やりましょう!」と即決されたのです。

つまり、「誰から言われたら意思決定するのか?」というのも重要な観点でした。私たちでは、上司の信頼が足りていなかったのです。われわれの先にある「取引先の意見」という一次情報が重要だったのです。

これは一例ですが、原則として、このタイプの人にうまく対処するには、部下側として上司の決裁を自分でリードしていくことになります。その場合、注意しておきたいのは「飛び越さない」「対立構造を作らない」ということです。

飛び越さない

報告やエスカレーションはスジを通すことが大事です。直属の上司を飛び越えて意思決定者を口説きに行ったり、勝手にエスカレーションしないこと。これは自分の信用を失うことになるからです。

したがって、報連相をするのは当然ですが、許可を受けてエスカレーションする、もしくは一緒に同席してもらって上位職へ打ち合わせに行くという、ポイントを押さえてください。

また、ことなかれ型の上司にＯＫをもらう「決めゼリフ」があります。

それは、「○○本部長はＯＫと言ってました」「上位職の方は、こういう提案をすごく好みますよね」などと言うと、「○○本部長がＯＫなら、私もＯＫです」「確かにそういうの好きだよね」という反応が帰ってくることがあります。

あるいは、他部署の決裁者の右腕となるキーマンに事前にネゴシエーションすることが許されているのであれば、「先にちょっと○○部署の△△さんと打ち合わせをしたんですが、この提案内容にすごく興味を持ってくれて、いい感触でした。『これは行けそうだ』って思ってくれたみたいですよ」と、上位職だけでなく、他部署やキーマン、キーマンの右腕といった第三者の感触を引き合いに出すことも有効な場合があります。ただし、あまりやり過ぎるとへそを曲げてしまうので、そこはさじ加減が必要。すべてを自分でクロージング（結論を出して共有する）せず、準備を行い、直属の上司に花を持たせるのも1つです。

自分の手柄ではなく、その上司の手柄になるような形で持って行きますが、あくまで、勝ち取るべきは直属の上司の先にいる、「意思決定者の決裁」なのです。

対立構造を作らない

上司と対立構造になるのではなく、さらに上の決裁者に対して直属の上司と一体となってチームを組んで向き合うようにしたほうがスピーディーに決裁を勝ち取れます。

単独で動き過ぎると、ハシゴを外されて、「提案内容がよくなかったのは提案者の力不足が原因だ」ということにされたり、何度も差し戻し、手戻りが起きる事態にもなってしまいます。

本来であれば、ここで上司も一緒に決裁を勝ち取るために戦ってくれればよいのですが、それが期待できない場合、あなたの中で上司の存在価値がどんどん小さくなっていくように感じられるかもしれません。とはいえ、組織においては上司が感情的に面白くなくならないようにケアをする必要があります。

ここで「うちの上司はダメだ」と言って否定するだけでは、何事もうまくいきません。そこから、いかに勝ち筋のバリエーションを考えられるかが求められるわけです。

新卒や異動で最初の頃、権限がない場合には取り得る方法も限られてくるとは思いますが、「飛び越えない」「対立構造にならない」という2つを基本原則として覚えておけば、大きく踏み外すことはないと思います。

つまり、自分を守る意味でも、これが基本になってくるのです。

社内でプレゼンを通していく時、社内決裁は下から上がっていくので、直属の上司に支持してもらえないと、その上の人は聞く耳を持ってくれない場合もあります。

したがって、直属の上司としっかり一枚岩になり、ハシゴを外されないようにコミュニケーションを取ることをお勧めします。

もしハシゴを外された時には、それを教訓にしながら、今後同様の轍を踏まないように、「ステージ0」での上司との接し方を、改めて見つめ直して対応していく必要があります。

❷ 機嫌型

「機嫌型」には、次のような特徴があります。

- **聞かない**：機嫌が悪い時、忙しい時は話を聞かない
- **スイッチ**：急にスイッチが入って叱る

機嫌が悪い時の距離の取り方

どんな人でも忙しい時はだいたい機嫌が悪くなるもの。これはどんな上司にも当てまることです。上司だって上の人からガツンと言われたらへこむでしょうし、何かしら家庭の事情やプライベートで機嫌が悪くなるようなことは、誰にでもあると思います。そのため、誰しも自然と相手の機嫌が悪い時に話すのは避けるでしょう。

ここでは機嫌の良《よ》し悪《あ》しが予測しづらいタイプの人に対応する方法を考えたいと思います。

それにはまず、相手を観察することが大事です。事前に上司のスケジュールを確認しておいて、例えば、大きな会議の前などは表情や所作から「機嫌がよくなさそう」と見て取れることが多く、明らかに忙しい状況が想定されるような場合、緊急性の高い要件以外はコミュニケーションを取りに行かない（相手の立場に立つ）のが原則です。

ここで相手の顔色だけを見て反応するのはこちらも疲れてしまいますので、うまく距離を保ってコミュニケーションを取ります。

特に、何かのトラブルで緊急度の高い連絡や相談などは、上司の都合にかかわりなく伝えなければなりません。

ただ、それほど緊急性が高くなくても、決裁の期日が決まっていて、準備の時間を考えると、「どうしても今、話に行かなければならない」という時は、コミュニケーションを取る必要が出てきます。

そこで直接、「今、3分ほどいいですか」と話しに行って短い時間を確保します。ここで3分確保できれば、手短に確認をします。

「ちょっと待って」と言われて、5分経っても、10分経っても声を掛け戻してくれない場合は、メールなどにしておくと、上司の空き時間に見てもらえます。

ただしその場合は、口頭で「今日は提出の準備をしなければいけないので、メール送っておきました。チェックをお願いします」と伝えておくと、上司の時間軸で、落ち着いた時に見てくれるでしょう。


機嫌型上司でもプロファイリングが進めば、さまざまな事象から、「あなたなりのルール」ができ上がっていきます。例えば、

- 「低血圧で朝イチは弱いから避けたほうがよい」
- 「お昼の後は眠そうだから避けるべき」
- 「大きな会議の前で、上司が発表する時は、緊張しているから話しかけないほうがよい」
- 「比較的、月末月初は機嫌が悪くなりがちだから、そこは避けるべき」

…といった感じです。いかがでしょう? みなさんも普段から何となく実践していることではないでしょうか?

逆に、「この会議の後だったら機嫌がいい」とか「週明けのこの日だったら大丈夫」といった、話しかけてもよいタイミングを事前に把握して、そこに照準を合わせて要件をもっていくと比較的通りやすくなります。

これらを言語化するだけでも、自分のアクションにムダ・ムラがなくなります。

上司と良好な関係を築きつつ、自分のストレスを軽減するには「観察」と「距離感」がポイントになるのです。

SECTION 8

Dタイプ：独創型上司の基本攻略術

独創型上司は、右脳で直感的に響くものを採用する傾向があります。同じ提案内容であっても、心惹《ひ》かれるような魅力がなく記憶に残らなかったり、ピンとこなければ決裁が下りません。そこで、攻略には次のポイントに注意します。

- 興味を惹き付けることにこだわる
- 枝葉末節より、まず全体像を示す

惹き付けるには「つかみ」がポイント

企業ではリソースや予算が限られている中、ビジネスアイデアは多数提案されます。

限られた予算ですから、「どのビジネスアイデアを採択するか」の意思決定が常に求められます。この時、「何を伝えればトップが意思決定してくれるか」ということにすごくこだわりました。

私が一番こだわったのは数字と言葉です。

「数字」は興味を示してもらう上で重要なツールです。例えば、新聞記事の見出しで、次の2つのうち、どちらが気になりますか?

Ａ：今年は温暖化の影響で海面が上昇傾向
Ｂ：今年は温暖化の影響で海面が３㎝上昇

おそらく、Bを選ぶ人が多いと思います。

セミナーなどで「自己紹介」のワークをした際、「一番印象が残ったキーメッセージを挙げてください」と聞くと、多くの方は数字が絡んでいるキーメッセージを選択する傾向が高くなります。年齢や勤続年数、趣味のゴルフのスコアやマラソンのタイム、旅行に行った国の数など、数字はインパクトが強く、記憶に留めやすいのです。

もう1つの「言葉」は「タイトル」や「キャッチコピー」です。

例えば、新たに提案する新規事業のタイトルを「マトリョーシカプロジェクト」と名付けたとします。

みなさん「マトリョーシカ」というのはわかるので、すごくキャッチーに響きますし、いろいろと頭の中で想像しはじめます。

「中にマトリョーシカがたくさん入っていて、次々とアクションが連鎖していくことだろうか？」「ロシアに関係することだろうか？」というような具合です。

つまり、まず疑問に思わせることで、こちらの提案について、知らず知らずのうちに興味を持ってもらえることにつながっているのです。

それから具体的に事業提案を説明します。「マトリョーシカのように事業が次々と連鎖して、それでいてワンパッケージになっていること」を表した比喩表現であることがわかると腹落ちするというプロセスです。

さらに、その提案が「マーケット環境も競合不在で成長も見込めそうな領域であり、市場規模も大きく、収支計画もしっかりできていて面白そうだ」と思わせるように、ロジカルかつ数字の裏付けがしっかりしていれば否定しようがなくなってきます。

まずは、「いかに興味を持たせて、ワクワクさせられるか」がポイントです。

言葉を「カベ打ち」で磨く

実際にはこのように「重点項目」を押さえながら攻めていくわけですが、ここで大事なことは、いくら外堀を埋めたところで、本丸にたどり着くまでの最初に「マトリョーシカプロジェクト」というキャッチーなフレーズがないと、特に右脳型の人は興味を持ってくれません。

これは私がソフトバンクアカデミアで事業提案する時にこだわった点です。

新規事業というと結局、似たようなアイデアを提案することになりがちなのですが、同じような内容でも伝え方1つで輝いて見えるものです。

例えば、ある人にとっては「面白い」という観点がテクノロジーに寄っていて、「この技術は新しいから面白い」という人もいるでしょうし、今まで誰も手をつけなかった領域へのアプローチに対して「面白い」という場合や、ビジネスモデルが「面白い」ということもあるでしょう。

ここで、「面白い」や「いいね」という言葉、表情、反応から、上司の興味関心がプロファイリングできれば、プレゼンの「勝ち筋」がつかめるのです。

この「言葉磨き」の上達には、自分の中だけで温めているだけではなく、何度も何度も「カベ打ち」をすることが有効です。

「カベ打ち」というのは、直接、決裁者本人の反応を確かめる場合もありますが、誰かに聞いてもらったり、見てもらったりというように、第三者の反応を確かめる作業です。

実際にプレゼンをしてみて「どう思う？」と聞くと「面白そう」「ワクワクする」「まどろっこしい」「つまらない」「関連性がピンとこない」というように、相手の属性（性別、年代、経験）によって異なる反応が返ってくる。そこで、第三者の反応を確認しながら修正して、練り込んでいくわけです。

ソフトバンクアカデミアで事業提案をした時も、1つのビジネスアイデアに対して、少なくとも30個以上のキーメッセージ、キャッチコピーを考えて「カベ打ち」をしていました。「本当に響くだろうか」という自分の提案内容への不安を消していく作業とも言えます。そのため、より幅広い分野の雑誌や書籍、ビジネス系の番組など、普段から意識して情報に接するようにしていました。

独創型上司への対策

独創型の上司であってもロジックやエビデンスを準備することは前提ですが、＋αで「世の中を変える」「歴史に名を刻む」というようなアピールポイントが好まれる傾向があります。

そのため、「成功するかもしれないし、失敗するかもしれません。けれどもチャレンジしなければ、つかめるものもつかめないのです。打席に立たせてください」というように、感情に訴えかける表現が、新規事業提案においては必要な場合もあります。

また、「世界初」とか「今まで誰もやったことがない」といったファーストペンギン（リスクを恐れず、初めての試みに挑戦する精神の持ち主）的な表現も好まれます。

こうして、相手が「面白い」と興味を示して意思決定した後、実際に提案を実行していくことは、私自身のビジネスの視座を引き上げ、視野を広げてくれるきっかけにもなりました。ビジネスパーソンとして鍛えられ、力量も上がっていくことが実感できたのです。

資料作りに関して言えば、キャッチコピーの面白さのほかに、「事業のインパクトや内容のユニークさを、どう資料に反映させられるか」という点も重要です。

1つは時間軸です。事業が単発で終わらないよう、継続性を担保しながら、拡大していくことは、どんな事業にも求められます。

これをロケットに喩《たと》えて表現すると、打ち上げから、1段目のロケットで大気圏に出て、2段目、3段目のロケットで軌道に乗るように持って行くというイメージです。

事業の継続性を、数字だけでなく比喩を用いて印象に残す表現ですからイメージも湧きやすくなるでしょう。

さらに、そのロケットのサイズ＝事業規模が小さな打ち上げ花火ではなく、本当の意味でのロケットになるべく、事業規模が大きければ大きいほど、当然、会社や社会へのインパクト、貢献度も上がっていくことをアピールします。

もちろん、マーケットサイズや規模というロケットの「サイズ」だけでなく、必ず軌道に乗せて飛行し続けるという「持続性」も合わせて伝えていきます。

つまり、キャッチーなつかみの部分だけで終わらない提案にするのです。

独創型の上司は「右脳」でジャッジする傾向が強いとはいえ、「左脳」に訴えることも必要です。

逆に、論理型の「左脳」でジャッジする上司であっても、相手の感情や気持ちをくみ取る部分では、「右脳」を働かすため、程度の差はあるにせよ、決して、どちらか一方だけで十分というわけではありません。

提案する内容や相手に合わせて、その比重を変化させていくことが大事なのです。

SECTION 9

信頼感を勝ち取るシンプルな方法

仕事上の信頼を勝ち取るには、日常の通常業務からの積み上げが大事だということはすでにお伝えしたとおりです。具体的には、「ステージ0でのポイントを押さえた報連相」を徹底することからになります。（↓116～123ページ）

もう少し詳しく説明しましょう。ポイントを押さえた報連相を徹底することで、直属の上司より、「こいつはよくわかっているな」と思われるようになります。これは仕事の勘所を押さえているという意味で上司とツーカーの関係が構築できた状態です。

例えば上司から「アレ、どうなってる？」と言われた時、「アレですね」と応えられる。これが上司と仕事の上での距離感を遠く感じている状態だと、このようには応えられないものです。

しかも、こまめにコミュニケーションを取っていないと「アレ」の意味する内容はどんどん移っていきます。例えば、間に1つ会議があっただけでも「アレ」の意味する内容は変わるので、常に上司と会話をすることが大事になってくる。この距離感が構築できると、あなたが上司の「右腕」になったことを意味します。

仕事の文脈によって「その場面、場面で求められていることが何なのか」「次に問われるであろうことは何なのか」という予測も必要です。

スピード感のある会社や、時短という時流の中、上司のさまざまな「アレ」に即対応できるほどコミュニケーションが取れていれば、信頼度は増していくでしょう。

さらに、上司以外のキーマンごとに信頼度をどう深めていくか。当然、キーマンとの関係性によっても信頼の勝ち取り方は異なります。

例えば、「聞かれた数字に対して、即座に、正確に説明ができるか」という部分から、「ネガティブな内容でも、ごまかさないでしっかり報告する」というようなことも含め、プレゼンに至る前から「信頼」を勝ち取るアクションは、すでに始まっているのです。

上司には好かれるべきか
～情を重んじる人とのかかわり方

原則として、人物的な好悪の感情と仕事は切り分けるのが懸命な態度だと思います。人間の相性という問題には、なかなか関与できないものなので、部下側のスタンスとしては「自分から嫌わない」「相手から嫌われない」という程度に留めればよいでしょう。ただ、人間関係において、それは必ずしも簡単ではないというところが難しく、悩んでいる人も多いのではないかと思います。

これは、「プレゼンの決裁基準にどう関係するか」というより「情を重んじる人との距離感の取り方がわからない」というほうが実態に合った表現ではないでしょうか。つまり、仕事のスピードや精度以外に、人間的な好き嫌いの感情が、仕事上の意思決定にどの程度関与するのか、こういったタイプの人たちの「7割」というのはどのあたりにあるのか、ということを知らなければならないのです。

上司にしてみれば、単純に「自分に懐《なつ》いてくれるか、好いてくれるかそうでないか」というところもあるでしょうが、部下側にしてみれば、日々のやりとりの中で相手がどの程度そこに重点を置くか、ということを探っていくしかありません。

部下側として、挨拶やマナーに齟齬《そご》がなく、相手のプライドを傷付けるような言動をしないといった基本的な部分を押さえるのは当然ですが、例えば、「仕事を進める際、どの程度の頻度やレベルで相談したほうがよいか」という問題があります。

逐一、相談をしながら相手に情報を入れていったほうがよいのか、ある程度自分でまとめてから結論を話したほうがよいのかということも、相手との関係性をどう構築するか、どの程度の距離感を保つかの試行錯誤が必要になるでしょう。

そこで、本書で定義した「ステージ0」の場面で、上司に対して押さえておくべき内容として「相手から好かれる」「近い距離感で仕事をする」「親近感が決裁要素になる」という場合を例にとって考えてみます。

こういったタイプの上司に対して、部下側としては、

• 無理に好かれる必要はないが、嫌われると不利

- 好き嫌いよりも「仕事上、信頼されるかどうか」がポイント
- そのためのコミュニケーション戦略を考える

という方法が最善解になると思います。

コンタクトポイント（接点）をいかに作るか

例えば、私が20代の頃の話ですが、上司がタバコを吸う人なら、タバコを吸う部下は喫煙所でいろいろ話ができるので、より近いところにいられるということがありました。そうすると、タバコが吸えない人よりも吸える人のほうが、定常的に接点が増える分、関係性を構築しやすいのは言うまでもありません。

ただ、昨今では、タバコを吸う人が減ってきたこともあり、喫煙所がコミュニケーションを取る場として成り立たなくなってきていますし、飲み会などの機会も減ってきました。ちょっと前なら、誘って飲みについて来る人のほうがチャンスが多かったでしょう。

私は基本的にお酒が好きではないのですが、飲むのが好きな上司や、接待で飲むこと自体が仕事だった営業職の時は、嫌でも、飲めなくても飲む、ということをよくやりました。上司や得意先と一緒に過ごす時間が多ければ多いほど、チャンスが巡ってきたからです。

それが世の中も変わり、飲む機会も減り、喫煙所も減っています。

コミュニケーションを取る場所が減れば減るほど、職場の中でコミュニケーションを取る機会を増やす必要が出てきました。つまり、業務時間内である「ステージ0」で、いかにコンタクトポイント（接点）を増やしていくかが大事になってきたのです。「決裁基準がわからない」というのは、要するにコミュニケーションを取る接点が減ったということです。

上の人や得意先から「かわいがられる人」というのは、コミュニケーションがしっかりと取れているわけで、それは1つのスキルです。人にミートしていく力があるということです。

私が過去にやっていたことは、「上司の自席にいてもらう時間の極大化」でした。

上司は、ともすると朝から夜まで会議で出ずっぱりになることもよくあります。

そこで、上司のスケジュールで報連相の時間をあらかじめキープしたり、1on1の時間を毎週30分もらうようにするなど、あえて上司が自席にいる時間を作ってもらうようにしたのです。

例えば、上司が出席する会議については、その権限とともに他のメンバーに委譲してもらったりして、会議に出席する代わりに自席に居てもらうようにしました。すると、他のメンバーも話をしに行きやすくなったのです。

上司から委譲されて私が出席した会議は、当然ながら、戻ってから報連相をします。上司は報連相を部下から受けるだけでなく、思考することにより多くの時間を割いてもらえますから、戦略的組織運営に時間が充てられるのです。

「上司の決裁基準がわからない」という場合、多くはコミュニケーションスキルが低いのではなく、圧倒的に接する時間が足りていないのです。

上司との効率的な話の進め方と手順

上司とのコミュニケーションの打ち出し方、伝え方の工夫点としてはまず、「相手に自分のほうを向いてもらう＝意識や注意を向けてもらう」ところから始まります。

これはプレゼンでも同じですが、通常業務の中でのコミュニケーションも効率的な話し方、伝え方を会得することが大事です。

上司とのコミュニケーションのポイントは、

❶「タイトル」
❷「結論➡根拠・理由」
❸1枚にまとめて伝える
❹「さらに詳しく」と言われたら補足資料（appendix）で説明
❺その場で返事がもらえない時➡期日・期限を伝える

ということになります。具体例で見ましょう。

効率的な会話サンプル 1

「すいません課長、ちょっといいですか。原材料発注の件で決裁をいただきたいのですが」（話のタイトル・種別）

「最終的にA社に発注したいと思いますが、いかがでしょうか。なぜなら、A社は全国に拠点が20か所あるからです。ちなみに他にはB社、C社、D社などがありますが、いずれもA社よりもコスト、納期、仕様ともに不利でした」（結論と理由）

「概要はこちらです」（資料）

「発注の期日がありますので、明日12時までに決裁をいただけますか」（期日）

効率的な会話サンプル 2

「すいません、ちょっと相談です。来週の経営会議に出す資料の件ですが」（話のタイトル・種別）

「売上が、先週末に想定の2倍を超えてきました。在庫を現在の1・5倍に見積もったほうがチャンスロスが発生しないので、発注数量を増やす提案を行いたいと思いますがいかがでしょうか？予算的な観点から現状維持もありますので、両案併記で、いずれかを選択してもらいたいと思います」（相談内容・選択肢）

「資料作成の時間と、できたものを確認していただきたいので、今日の12時までにジャッジをお願いします。詳細なデータはご参考までにこちらです。よろしくお願いします」（期日・資料）

❶タイトル

会議の発言ではなく、1on1などでの会話の場合は「すいません、ちょっといいですか」の後に、どういう順序で話すかを整理して伝えます。

伝え方で言えば、「そもそも今から何の話をするか（話のタイトル）」について明確にすることから入ります。次に「報告」「連絡」「相談」のいずれか種別を特定します。要件の種類によって相手は、必要な時間、聞く体制を判断します。

❷ 結論⬇根拠・理由

内容については「結論から話す」⬇「理由や根拠を示す」のが基本です。上司はみな忙しいので「結論は何だ」ということを、まず伝えることから要件を切り出します。

❸ 1枚にまとめて伝える

ちょっとした打合せなどの場合でも、ポイントを端的に1枚のメモにまとめておくことは効率よく話すために有効です。（↓026～027ページ）

簡潔に1枚でまとめておいて、聞かれたことを後から補足して追加で資料を渡すほうがムダも出ません。その人が気になった部分を伝えられるからです。

これは部下側の作業時間短縮にもつながります。

最初から膨大に資料を作って渡しても、相手もポイントがわからないし、「これ、全部読まないといけないの？」「全部読んでからコメントするの？」という気になり、作るほうの負荷が多い割には報われないものになりがちです。

会議体などの場合は、会議のルールやお作法があるので、「いつまでに会議資料を提出する」とか、「アジェンダをどのように作り、挿入するか」というルールを押さえておけばよいでしょう。

- 限られた時間の中で伝える
- 説明を補足する資料が揃っていると信頼度が高まる
- 任せられる確率が上がる（勝てる）

❹「さらに詳しく」と言われたら補足資料（appendix）で説明

ただし、いずれの場合でも、聞かれたことに対する詳細資料・データがない時は、はぐらかさずに必ず後から提出しましょう。これを徹底しないと信頼度がゼロになってしまいます。

決裁者は、誤魔化したり、はぐらかされることを敏感に感じ取ります。そのように立ち振る舞う部下に対する信頼は二度と勝ち取れないと思ったほうがよいでしょう。信頼を築くのは1日では成し得ませんが、失うのは一瞬です。プレゼンの場合は特に、「聞かれたことに対して答えられる準備ができているか」が問われます。

会議体の場合は出席者がどういう質問をしてくるか予《あらかじ》めわかりやすいので、そのための準備をしておくことは必須です。聞かれたことに対してきちんと答えられることは、何ものにも代えがたい信頼感と安心感を増すアクションです。

それを積み上げていくことで「こいつはよくわかっている」「この人に任せたら大丈夫」という評価を勝ち取り、信頼を得るのです。

❺ その場で返事がもらえない時⬇期日・期限を伝える

案件の「期日」を明確にして話すことも大事です。期日が明確ではないものについては「じゃあ、そこに置いておいて」「読んでおくよ」と曖昧に処理されてしまうこともあるからです。

上司の優先順位で、忙しければ「それはちょっと後にして」という返事が返ってくることもありますが、「期日」を意識してもらうと聞いてもらいやすいでしょう。

上司がパソコン画面を見ながら作業をしている時に話しかけて、作業中のまま「うん、うん、うん…わかった」という生返事で、聞いていない状況で終わってしまうこともあります。それをそのままにしておくと後で「そんなの聞いてない」ということも起きがちです。

少し先の話をするような時は、会議室を押さえて個別に時間を取ってもらい、話を聞いてもらうほうがいいでしょう。

上司の不安を払拭するために

上司は常に「不安」を抱いています。それは、うまくいかなかった場合の責任の所在が上司にあるからです。責任を取らされないようにするためにロジックを固め、石橋を叩いて「失敗しない」ことを確認してから決断する上司は意外と多いもの。

そのため、自分から「チャレンジさせてほしい」という場合は、いかに上司の不安要素を減らせるかということも配慮すべき点です。

不安要素を低減するのは「データ」「エビデンス」「過去の事例や他社事例」などですが、その場で必要とされるものを想定して用意しておきます。

大きな提案を一度に承認してもらうのではなく、スモールステップを刻むことで、相手にも成功への道筋が見えてくれば、どんな案件でも通っていきます。

社内プレゼンの場合、一度提案して上手くいかなかったら「ここをカスタマイズして、再度トライします」というように、少しずつ陣地を広げていけばよいのです。

コミュニケーションツールを効果的に使う

上司とのコミュニケーションツールについては、

❶メール・チャットツール
❷電話
❸対面

などの使い分けがポイントになります。

企業文化によって違いはありますが、コミュニケーションを取る上では、やはり、

「対面」が一番伝わるものです。とはいえ、昨今はITツールも増えており、スマホやPCでも簡単に対面コンタクトが取れる環境ですし、メールやチャットツールを駆使して、迅速に報連相ができるような環境にしておくことが望ましいでしょう。

電話は1on1の関係ですが、双方の時間を占有してしまうため、メールのように、複数の案件を同時並行に処理する多重的アクションは取りづらくなります。電話・対面の場合は手短にすませることを心がけてみてください。

他部署の決裁者とのコミュニケーション

他部署のキーマン（意思決定に対して重要な影響を持つ人）とは事前にメールベースのやりとりをして、打合せで擦り合わせたとしても、経営会議に付議するような場合は、事前にしっかりと話をクロージング（結論を出して共有する）しておく必要があります。

ただし、いきなり他部署の部門長である決裁者のところに直接説明に行って、了承を取るのは、かなり難しいネゴシエーションになることが想定されます。それは、あなた自身と他部署の部門長との間に信頼関係が構築されていないからです。

この場合のアプローチとしては、部門長ではなく、まずキーマンと交渉するべきでしょう。決裁者に話を通す前に一度、キーマンと案件の内容が調整できていれば、キーマンから部門長へ説明、打診してもらうことで、こちら側への不信感は払拭できるからです。

例えば、他部署の部門長に対して決裁を取りたい場合、その部署のキーマンに打診して、「こういうことを考えているのだが、一度そちらの部署で検討していただけないか」という投げかけをすることになります。

この打診に対してキーマンが「これはダメだよ」というような場合には、「どこがダメで、どうすればよいか」と改善ポイントを明確にしてもらったり、「ここはこうすればいいのではないか」という指摘やアドバイスもらえると、それを踏まえてから、ブラッシュアップしたものを再度提案します。

このプロセスを踏むことにより、キーマンから「私が指摘したところが反映されているからOKだ」として、部署内でエスカレーションしてもらえるため、最終的には部門長のOKが出て通りやすくなることも多いのです。

このステップを経由すると、さらに大きな会議体に提示された時にも、他部署の部門長からも「これはＯＫだと思う」という支持も得られ、ハレーション（悪影響）を起こすことも少なくなります。

信頼を醸成する、報告・連絡・相談の効果的な方法 1

報告・連絡

上司と部下間のコミュニケーションは、「報連相」が基本になりますが、まず、「報告・連絡」のポイントについて押さえておきます。

報告：必ずNext Stepを添える
連絡：共有すべき情報と、告知する範囲を選別する（緊急性・機密保持に配慮）

「報告」には配慮を添えて

3年目になると、「期限」があるものへの配慮もほしいところです。

例えば、レポートを直属の上司から、さらに上位職に提出することが決まっている場合は、上位職から想定される質問への回答や補足資料を、事前に予測して準備しておくとよいでしょう。

ただし、事前に準備していても、直属の上司への報告が遅れていると、「アレ、どうなってる?」と聞かれます。これは、直属の上司が情報武装をしておきたいというサインです。つまり、「アレ、どうなってる?」と聞かれている時点で、レポートが提出できていなければ、行動が「遅い」のです。

ちょっとしたアイドルタイムでも、こまめに報告をすることで、直属の上司は安心し、「こいつには何を任せてもこまめに報告してくれるから、大丈夫だろう」という信頼も勝ち取れるのです。

報告は必ずNext Stepをセットで

企業文化にもよりますが、実は、報告だけをしてもあまり意味がありません。必ず「次にどうするのか」というNext Stepを付ける必要があります。

例えば、取引先から会議スケジュールの変更を打診された場合を考えてみます。

「課長、A社の◯◯さんから次の打合せについてリスケジュールの依頼がありました」

「で、いつならいいんだって？」

「15日の週ですと14時以降からなら、いつでも大丈夫だそうです」

「その日程だと役員会とぶち当たるけど、部長はどうなのかな？」

「そうですね、部長に確認してみます。課長のご都合はどうですか？」

「オレは16日か17日がいいな」

「わかりました。では部長に確認して、日取りを決めたら念のため課長に確認の上、先方に返事します」

「よろしく頼むよ」

この程度の話ならすぐ反応できると思いますが、次のような場合はどうでしょうか。


「課長、テストマーケティングでの売上集計が出ました」

「お、どうだった?」

「都心エリアが目標達成率40%、横浜では50%でした」

「思ったより低いな。で、次の打ち手はどうするつもりだ」

「……」


ここで詰まってしまうのは、「結果を受けてどうするか」というNext Stepを考えていなかったためです。「で、どうするの?」と言わせないためにも、Next Stepを考えることは必須なのです。

本章では上司のタイプによって、提案内容や伝えかたをカスタマイズ、チューニングするという方法を解説してきましたが、ここで解説している「事実や結果の報告に伴う対策(Next Step)」については、どんなタイプの上司にも当てはまる基本的なロジックで対策を考え、「報告」とセットにして打ち出していく必要があるのです。

「連絡」は悪いニュースこそ、いち早く共有する

重大事故、インシデント、顧客情報の漏洩《ろうえい》など風評被害につながるような案件や社会的責任を求められる案件の場合、ネガティブな情報は上司にいち早く連絡します。

その時、何がベストなアクションかを考えます。まず、上司がどんな状況であれ、直接、対面や電話で伝えることが第一です。仮に上司が社内、社外を問わず、打ち合わせ中だったり得意先との商談であっても、緊急事態の場合なら時間は取れます。

もし、不在で連絡が取れない場合、ＩＴ環境は整っていますから、迅速に第一報として「【重大事故発生】顧客情報漏洩について」というような見出しで、メッセージやチャットで伝えることが取り得べきアクションです。

このような時、気を遣ったつもりでメールだけの報告にして、連絡が取れないまま、指示を仰ぐこともできず、時間が経過してしまっては意味がないのです。

情報共有が遅れると傷は大きくなり、あなただけでなく、会社の信頼も損なうことにつながってしまうからです。

信頼を醸成する、報告・連絡・相談の効果的な方法 2

相談

相談：相手のタイプを見極めて、ノープランでは相談しない

決裁を勝ち取るための相談の場合

相談する前に、端的に事柄を伝える必要があります。その上で、相談するわけですが、「タイトル⬇相談内容の提示⬇自分の見解⬇上司からのフィードバック」という流れが基本になります。

この際、決裁者のタイプに合わせて、次のようなフィードバックをもらえるように相談をすると効果的です。

❶根拠の「質」を見るタイプ

⬇質疑応答で筋道が通っていれば納得するロジカルなタイプ

⬇よりロジカルな資料にするためのポイントを相談

❷根拠の「量」を見るタイプ

⬇根拠となる資料の量や幅で納得する慎重（堅実）なタイプ

⬇適切なデータの選別を相談

❸根拠よりも「人」を重視するタイプ

⬇ネゴシエーション、擦り合わせを重視するタイプ

⬇「誰に、どのようなアプローチするのがよいか」を相談

この時、上司に答えを求めるのではなく、自分で考えた対応アクションを提示することで、自走できるような仕事の進め方が身につきます。

相談の仕方A

「その点については、このようにしようと思いますが、いかがでしょうか?」

(選択肢の中からチョイスさせるクローズド・クエスチョン)

相談の仕方B

「その点について、どうすればよいでしょうか?」

(フリーハンドで相手に考えさせるオープン・クエスチョン)

この「相談の仕方A」は、相談する前に自分で考えるプロセスを踏まえています。何事も自分ごととして捉えているかどうかで、その後の仕事の進め方も、大きく変わるでしょう。

「相談」はBのようにノープランで臨むことがないようにしてください。「自分だったらどうするか?」を常に用意して、考えることをやめないようにします。

ただし、「7割」のスピード感を意識して、時間をかけ過ぎないようにすることも大事です。

SECTION 10

上司のタイプと自分の成長

「理想の上司」の落とし穴

自身が優秀でリード力もあって、部下にいつも的確な指示を出す上司の場合、一見すると理想的に思えるかもしれませんが、実は「指示出し上司」の下だと部下は育たず、知らず知らずのうちに「指示待ち部下」になってしまうのです。

仕事の指示をすべて出すような人が上司だった場合、部下側で何か困ったことがあれば「これ、どうしましょう」とすぐ相談に行ってしまい、上司から「これはこうしてください」と答えをもらって解決するようになるからです。

つまり、「あれこれ考えなくても、あの人のところに持って行けば全部間違いなくやってくれる」という思考になるのです。当然、早く処理できるし、アウトプットにも間違いがないでしょう。

ところが、3年ぐらい経つと部下側には何も残っておらず、力も付いていないことに気づきます。異動などでその上司が離れた瞬間、自分から提案するという仕事が全くできないままになるわけです。

そうすると、それまでは評価が高かった人でも、できる上司がいなくなった瞬間に評価がガタ落ちします。ただ上司の指示に従っていただけで、その人も優秀に見えてしまっていたのですが、「考えるクセ」が何も身についていないからです。

これが「指示待ち」になってしまった人の結果です。

同様に異動した元上司も、部下育成をしていないわけですから、さらにその上の役職に昇格していくことはないでしょう。部下を育てるのは上司の重要な役割なのです。

こういう「指示出し上司」の部下になった場合、部下側としては上司のさらに先を読むような仕事の仕方を考えて実行するとよいでしょう。

「こういうのを求めているな」とか「次はこう言われるだろうな」というように、いかに自分で予測して行動できるかが勝負になります。

上司がやりづらい人であれ、優秀な人であれ、自分なりの「処方箋」を身に付けて勝ち筋がある程度見えてくると、どこへ異動しても通用しますし、どんな企業でも活躍できるのです。

ハーマンモデルは自分にも当てはめてみる

自分なりの「処方箋」を作るのに役立つ方法として、本章では「ハーマンモデル」をベースにした「上司のタイプ」別の攻略術を紹介しました。

これは上司の性格と言うよりも、「意思決定やコミュニケーション方法におけるタイプ」ということですが、実は部下側（自分）にも活かすことができます。

例えば、新人にありがちな現象として、話の「タイトル」を言わないことが多いのです。「すいません、例のイベントの件なんですけど」と話し始めると「イベントっていっぱいあるんだけど、何のイベントの件なの？」と返ってくる。

話す側が相手にもきちんとわかるように、まず話の「タイトル」を言えば、上司も理解しやすいのです。上司にとっては、数ある中で「何のイベントの件」なのかわかりづらいのは当然です。

しかも、同じ話のタイトルであっても、話すほうと聞くほうの理解している内容が必ずしも一致していない場合もありますから、コミュニケーションロスを防ぐためにも、簡単に要点をまとめた箇条書きのメモなどを持って行くことをお勧めします。

また、上司に対して、いきなり細かい話をし始めると「それ、何の話？」「ちょっと何のことを言っているか、よくわかんないな」という反応が返ってくることがあります。

これは例えば、「今、話しているのは今期販売計画の中の、第1四半期の部分です」というように、理解を共有してから話し始めると上手く通じるようになります。それを省略して、「話の地図」を広げないまま会話を始めようとすると、相手にも理解されづらいでしょう。

上司はたくさんの案件を抱えています。部下のほうが1対1の関係で話をしようとすると、このようなすれ違いはよく起こりがちなので、上司に不満を持つ前に、「自分の伝え方、質問の仕方、相談の仕方はわかりやすいか？　相手に理解してもらえているか？」という視点を持つことも大事です。

CHAPTER

3

求められる スピード・精度

を押さえる

SECTION 11

社内プレゼンの攻略要素 2

求められるスピード・精度

ここでは入社3年目までの人が求められる、社内プレゼンを攻略する二番目の要素、「スピード」と「精度」を考えます。

ビジネスで求められるアウトプットには「スピード」と「精度」の軸は外せません。スピード感を持って正確な仕事をすることは、あなたの信頼感に直結します。

求められる「スピード」を押さえる

~「上司のスピードよりも少し早めの感覚」をつかむ

「スピード」とはアウトプットを出すまでの時間です。つまり、早いか遅いかのどちらかです。もちろん、上司の立場に立っての「早い」か「遅い」ということですが、まず最初は、「上司の希望する期日＝時間軸」を把握することから始めます。

「明後日がプレゼンなので、明日までにプレゼン資料を作成して提出してください」

上司からこう言われて、あなたならどんなスケジュール、アクションを考えるでしょうか？ 選択肢はいくつかあります。

❶明日提出する
❷「明日までに」と言われたから、今日中に根拠データを添えて資料を提出する
❸取り急ぎ、アウトラインを作って30分後にチェックしてもらってから、今日中に一度ラフの資料をメールしてフィードバックをもらい、明日には完成に仕上げる

上司の指示をどう捉《とら》えるかは、あなた次第です。

❶から❸のどれを選択しても、結果は同じかもしれませんが、もし、あなたが上司の立場なら、どれを選択をする部下を身近に置きたいでしょうか？

これも、上司のタイプによって異なります。放任主義で、ある程度任せることを重んじる人は❶です。ロジカルなタイプであれば❷ですし、堅実的なタイプであれば❸の部下を望むのではないでしょうか？

そこで、私がおすすめするのは、上司のタイプを知った上で、その上司の想定よりも、さらに少し早めを意識して提出すると評価が高まるということです。この「上司の時間軸」は一朝一夕には自分のものになりません。何度か失敗もするでしょう。要は、日常の通常業務から多くの事例を基にして、上司の時間軸をつかむのです。

もちろん、案件によっては緊急度の高いものもあります。その場合、通常業務とは時間軸が異なりますから、判断がつかない場合は、すぐに確認します。

「何時ごろまでに資料を準備しましょうか？　おそらく、2時間くらいで提出できるとは思いますが…」

「どうでしょうか？」と素直に聞いて、スピード感が合えば、双方においてストレスは発生しません。Chapter 1でお伝えしたとおり、「上司の7割」の度合いを知り、自分を上司のスピード感に合わせていくようにします。

ただし、この例のように2時間のアウトプットでも、状況によっては見立てが甘く、約束の時間に間に合わないこともあり得ます。例えば、あなたが新任や人事異動で新しく配属されて、担当したことのない仕事を振られた場合、「この仕事が、どの程度の作業ボリュームになるか」が読めないことがあるでしょう。

上司：「この資料作っておいてくれない？」
自分：「了解しました。とりあえず2時間ください」
上司：「2時間もかかるの？」
自分：「では、1時間でお願いします」
（着手〜1時間後）
上司：「どう？ できた？」
自分：「もう少し時間がかかりそうなので、あと1時間いただけますか？」

上司：「……」

この事象について言うと、今後のスキルアップで時間短縮ができるようにはなるかもしれませんが、まずは手探りでもよいので、常にコミュニケーションを取りながら、自分の経験値を増やしていけばよいでしょう。

ただ、この事例の場合、着手～1時間までの間に、上司への「中間報告」を挟《はさ》むこともできたと思いませんか？　最初に「1時間」と伝えた手前、1時間経ってから「できていません」では報告のタイミングとしては「遅い」のです。せめて15分前などに作業時間の延長を願い出てもよかったかもしれません。

ここは「ステージ0（通常業務）」で、何度もやりとりをしてコミュニケーションを取って相手の求めるアウトプットまでの「スピード感＝時間軸」をつかんでください。

そして、相手が想定している時間よりも少し早く持っていくことで、評価が変わります。それは、前倒しで作業を終えることで「スキルが高い」「自分の時間感覚にミートしている」など、多くの好印象を上司にもたらすからです。

こうなればあなたの「勝ち」です。

求められる「精度」を押さえる

～用意すべき資料の精度は何で決まるか

社内プレゼンにおいて要求される資料の精度は、ズバリ「あなたへの信頼度」です。

信頼度が高ければ全面的にあなたに任せてくれます。

信頼度が低ければ、たくさんのフィードバックやコメントをされますし、補足資料の膨大なデータを準備するように指示が出るでしょう。

これはレストランのオーダーに喩《たと》えるとわかりやすいでしょう。お客様が注文した料理が

❶早く出てきたし、美味しかった
❷遅かったけれども、美味しかった
❸早く出てきたけれども、あまり美味しくなかった
❹遅かったし、あまり美味しくなかった

いかがでしょうか？

❶は問題ないですね。❷はどうでしょうか？　結果はよいけれども遅いのは心証が悪いですね。❸は早く来たけれども、美味しくないのはなんだか損した気分になります。❹は遅いし美味しくないしとダブルパンチの減点です。

早くても遅くても、美味しければまだよいのですが、美味しくなければ、そもそもダメなのです。こうなるとお店の印象が著しく悪くなり、信頼度も下がります。

社内プレゼンの場合、

「お客様」＝「直属の上司」

「お店」＝「あなた」

になるわけです。上司から依頼された資料の出来が

❶（あなたの提出が）早く出てきたし、内容も十分だった

❷（あなたの提出が）遅かったけれども、内容は十分だった

❸（あなたの提出が）早かったけど、内容がイマイチだった

❹（あなたの提出が）遅かった上に、内容もイマイチだった

いかがでしょうか？　内容がイマイチな場合は、早かろうが遅かろうが関係ないのです。精度が担保されなければ、あなたの信頼度は下がる。つまり、適度なスピードと十分な内容（＝精度）を求められるのです。

ここを意識していれば、あなたの信頼度は担保されていきます。そして、信頼度が高まれば資料の進捗や内容も一任されるようになります。

喩えて言うと野球やサッカーのベテラン選手が、独自のメニューでトレーニングをして試合までに調整するのと同じです。プロとしての意識を持って、試合に勝つためにセルフコントロールする。

プレゼンも、ビジネスのプロとしてあなたがプロ意識を持ち、スポーツ選手が監督から信頼を勝ち取って任せてもらうように、上司から任せてもらうのです。大切なのは中身です。

根拠の精度をどこまで高めるか

「どういうエビデンスがあれば決裁が通るか」というのは、原則として、情報そのものの信憑性によって変わってきます。

これは資料・データの出自を信頼性の高いものにしたり、分析の精度を高め、提案内容の確実さをいかに高めていくか、ということが勝負になります。

また、外部データだけでなく、現場の見解のような「一次情報」も重要です。

とりわけ、企業規模が大きくなると、階層が細分化されてくるので、現場の意見が見えづらくなります。常に一次情報が必要かどうかには気を配ってみましょう。

精度の高さも、Chapter 1でお伝えした「7割」の感覚が大事です。どれくらいの精度を満たしていれば、あなたの上司が決裁をするかを見極めてください。

コラム

セルフプロモーションが必要なワケ

部下は上司を選べませんし、上司も部下を選べないのが組織です。会社は社員に最高のパフォーマンスを出してほしいと考え、最適と考える配置で組織を構成しますが、人間である以上、仕事の進め方や性格の不一致での好悪感はつきものです。

今や、定年退職まで同じ職場で居続けることは稀かもしれませんが、苦手な上司から離れる方法は2つあります。

1つは、自分から離れる方法。転職や社内リクルーティングを通して別の部署へ異動を願い出ること。

もう1つは、直属の上司を出世させる方法。とにかく、その苦手な上司の手柄になるよう、アウトプットを効果的に出し続けるのです。

上司が出世すると、当然、ポストは空きますから、自分自身の役職を上げることにもつながります。上司の側も貢献に対する「返報性の法則」が働き、部下に報いてやろうと考えるようになります。

さらにアウトプットを重ねていくと、その上司の成果が積み上がっていくわけですが、その際、重要になるのが「セルフプロモーション」の概念です。

これは、自分自身のプロモーションに留まらず、「自分の所属する部署のプロモーション」「部下のプロモーション」を含めた意味でのセルフプロモーションです。

「いくら上司の手柄になるアウトプットを重ねても、自分の存在価値が認めてもらえないのではないか？」と思われる人もいるかもしれません。しかし実は、随所にあなたの存在や実力を認めてもらえる場面があるのです。

例えば、経営会議で上位職の役員が、自分の直属上司に質問した時、上司がコメントに詰まるような場面があれば、代わりにあなたがフォローコメントをすることで、自身の存在価値（一番現場感があり、本質を捉えているのが誰かということ）を匂わせることができたりします。

こういった社内のさまざまな場面で、上司の出世に貢献できるアウトプットや、コメントのティーアップをするあなたの動きは、周りの上位職の役員も見ています。

そんなあなたの姿を見て、やがて多くの部署からお声がかかる状況になれば、セルフプロモーションは成功しているのです。

そうすると、重要なタスクを任される部署に配属されたり、優秀なメンバーが集められ、要求されるアウトプットの難易度が上がったり、高度化していくでしょう。

そこでさらなる実績を重ねていくことにより、評価も極大化させられるのです。

また、部下の働きをティーアップしてプロデュースしていくと、自分の業務を権限とともに、部下に任せることもできるようになります。

そこから次は、自分が従事したい仕事や業務、部署へ異動することも可能となってきます。この頃には社内のネットワークも強固で幅広いものになっているでしょう。


上位職の会議に出席することで、会社のホット・トピックスを知ることができ、そこから重要な案件に対する接点をつなげていくことで、評価が高くなる布石を打てるのです。

「この提案をわれわれの部署から出していくと評価につながります。ぜひ、この提案をしましょう」と上申し、承諾を得てアウトプットすれば、間違いなく上司の評価は上がります。併せて、プロジェクトに従事する部下の評価も高められるのです。

嫉妬心が強い上司に目を付けられたら

多くの上位職の方々に覚えられ、声をかけてくれるようになると、直属の上司が嫉妬から足を引っ張り出す場合があります。

それまでの友好関係をひっくり返して、さまざまなイチャモンを付けてくることもあり得ます。

私の場合、デスクにさまざまなビジネス書籍を置いて、部下たちにも自由に読んでもらい、学びを広げてもらおうと思っていたのですが、書籍を並べていることですら気に入らないのか、そんなことにまで意見をしてくる上司がいました。

「周りの社員も変な目でお前を見ている」などと、他者の声として伝え、自分の意見ではないかのように叱責してくることも。

こうなっては、仕事を進める上でのハードルが上がってしまい、よい循環とはなっていきません。

こんな状況になった場合には、速やかに別のセクションに異動することをお勧めします。そのままにしておくと、上司は別の人に案件を回して、アウトプットを他の人に委ねます。

実は、このような出来事というのは、あなたにとっていい機会なのです。グループ会社への異動や、転職活動をしてみるきっかけにすることもお勧めです。すでに、あなたは他部署の評価も高まっているはずです。ぜひ、チャレンジしてみてください。外の世界を知ることは、あなた自身の市場価値を冷静に、そして客観的に見つめるきっかけになります。

今のあなたの市場価値がどれくらいなのか？　さらにビジネスの中で必要なスキルは何なのか？

ビジネス人生を見直す、いいきっかけにしてみましょう。

SECTION 12

提案内容別のスピード・精度

「課題解決型の提案」におけるスピード・精度

上司から「現状、入店状況があまりよくなくて売上が落ちているから、売上アップの施策を考えてくれないか？」と言われたら、あなたはどのようなスピード感で、どれくらいの精度を意識して資料を作成するでしょうか？

この時、「これが正解！」というより、あなた自身がどういう思考プロセスで、この課題を解決する提案を、どれくらいの時間で作成するかが問われるのです。実はこのプロセスをしっかりと学ばせてもらえるような機会は少ないように思います。

課題を解決する手法として、ロジカルシンキングなどのスキルは研修を通じて学べるのですが、「課題解決プロセスや時間軸の妥当性」などは、何となくの感覚で、上司のやり方を真似ることしかないのが現状です。まずは、この思考プロセスの基本から理解しましょう。それには、本書でも何度か紹介した「型」を押さえることが近道です。

課題➡原因➡解決策➡効果

この「型」に当てはめていくと、すばやく対処できます。先に述べた、上司からの依頼である売上減少を例に見てみましょう。

課　題：売上減少
　　　　➡なぜ？（要因分析が必要）
原　因：入店状況の悪化
　　　　➡要因分析を踏まえた解決策が必要
解決策：今回の提案内容
効　果：提案の施策を実施したことによる入店状況の改善と売上向上の定量化
　　　　➡今回の提案結果で課題が解決できるか

課題解決型の提案を考えるフレームワーク

項目	具体的内容
課題	売上減少
原因	入店状況の悪化 ➡なぜ？（要因分析が必要）
解決策	今回の提案内容 ➡要因分析を踏まえた解決策が必要
効果	提案の施策を実施したことによる 入店状況の改善と売上向上の定量化 ➡提案結果で課題が解決できるか

いかがでしょうか？　簡単にプロットできました。ここから、必要なデータを集めて、効果のシミュレーション、コスト算出、スケジュール策定などを行います。

では、この場合のスピードですが、まずは上司側の時間軸として、

- いつまでに提案を提出するのか？
- いつ、どのような会議に付議するのか？
- そもそも短期施策なのか？

などをヒアリングします。すばやく、遠慮せず直接上司に聞くことがボタンのかけ違いにならずにすみます。

ここでは、仮に「1週間後に提出してほしい」というリクエストだとします。

1週間後ということは、営業日換算だと5営業日ですから、実質5日でアウトプットを作成しなければならないのです。

上司からの依頼が水曜日だと仮定してスケジュールを立ててみます。

課題解決型の提案を考えるスケジュール案 1

日程	具体的内容
水曜日	資料作成依頼（課題解決型の提案作成依頼） • 依頼内容の確認、スケジュールの確認 • 報告、相談のマイルストーン策定 • アウトラインの共有
木曜日	ドラフト作成 • 木曜日時点のドラフトをメールにて上司に送付 ➡フィードバックあり
金曜日	ドラフト作成 • 金曜日時点の最終ドラフトをメールにて上司に送付 ➡フィードバックあり
土・日曜日	休日
月曜日	資料完成、FAQ 作成、フィードバック 資料を事務局へ提出
火曜日	（あれば）資料微修正、フィードバック
水曜日	本番

いかがでしょうか。

大切なのは「業務時間内および、日々の業務終了前に、その日の資料を上司に共有し、気になるところがあれば適宜フィードバックをもらう」というアクションです。

ただし、放任主義の上司であれば、送られていることは認識しても、フィードバックは最終チェックの時だけになるかもしれません。

次は精度です。

最終ゴールが「部内の提案」ということで、直属の上司である課長がプレゼンターで最終決裁者が部長ということにしましょう。この時、意識するのは2つ上の役職者ですので、部長の決裁基準を意識します。

日頃より、プロファイリングができていれば、部長の決裁基準はわかるはず。

今回、部長は「ロジカルなタイプ」という設定にしたいと思います。直属の上司は「感覚型」で、事前にしっかりした摺り合わせや、ネゴシエーションを求めるタイプだと設定しましょう。

先ほどのスケジュールに＋αの精度を高めるアクションを追加します。

課題解決型の提案を考えるスケジュール案２

日程	具体的内容
水曜日	資料作成依頼（課題解決型の提案作成依頼） • 依頼内容の確認、スケジュールの確認 • 報告、相談のマイルストーン策定 • アウトラインの共有 • 要因分析のデータ収集、調査依頼（現場の入店状況の推移データ、現場店舗ヒアリング、近隣状況について、店舗スタッフの人員配置など）
木曜日	ドラフト作成 • 木曜日時点のドラフトをメールにて上司に送付 ➡フィードバックあり • 調査結果報告取りまとめ ➡近隣への大型スーパー出店による売上減少 • 具体的な改善案の検討 ➡関係部署とのブレスト会議＋ネゴシエーション （過去の同様のアクションの確認、地域特性を活かしたターゲットを絞り込んだ売上増施策の検討、実現可能性の確認）
金曜日	ドラフト作成 • 金曜日時点の最終ドラフトをメールにて上司に送付 ➡フィードバックあり • 改善案の方向性を２案に絞り、実施した場合のスケジュール調整、予算の概算および、予算充当可否の確認などを関係部署と実施
土・日曜日	休日

日程	具体的内容
月曜日	資料完成、FAQ 作成、フィードバック • 部長を想定して FAQ を作成 ➡数字、データのトリプルチェック、各種数値の根拠データの洗い出しなど
火曜日	（あれば）資料微修正、フィードバック • ロールプレイング ➡自分が直属の上司（課長）の発表者役、直属の上司には部長の決裁者役として聞いてもらい、部長になったつもりで質問をしてもらう •FAQ の抜け漏れチェック
水曜日	本番

いかがでしょうか。

大切なのは「決裁者のタイプを想定して、どこまでのデータ、資料、ＦＡＱを準備するか」です。この想定ができないと、本番ではなかなかうまくいかないでしょう。

さらに、事前にロールプレイングを行うことで、実際の発表者である上司（課長）にイメージしてもらうことも重要です。

自分が資料を作成して自分で説明するのは簡単ですが、上司に話をしてもらう場合、上司自身がしっかり内容を理解することも必要です。とはいえ、上司も忙しく十分に理解してもらうには難しい場合があります。あなた自身がフォローをしっかりできるように内容を把握しておいてください。

入社3年目ぐらいには「このようなことができて当然」というレベルであってほしいのですが、そこに至るには、先輩たちの所作を見て覚えたり、いろいろと教えてもらったりすることもあるでしょう。

まずは日々の通常業務でしっかり観察し、上司や決裁者のプロファイルを怠らないようにしてください。きっとあなたの強みになります。

「新規事業提案」におけるスピード・精度

こちらは改善提案に比べると難しくなります。

さらに上位職の決裁が必要になりますし、社内だけでなく、社外とのコミュニケーションが発生することもあります。

また、新規事業の場合は前例もなく、事業インパクトの試算も課題解決型とは異なってきます。

入社3年目までの人に「今期中に新しい事業を立ち上げろ」という話はそうそうないかもしれませんが、最近はベンチャー企業や大手企業でも、力があれば入ってすぐ子会社の社長を任される企業もありますし、企業内で新規事業を募集・検討する機会も増えてきました。新規事業を立ち上げるという機会は、以前に比べ、圧倒的に増えてきていると思います。

そもそも企業にとって新規事業というのは、今までの既存事業を続けているだけでは不安で、その企業が新しい事業の柱を増やしたいという事情に起因します。

多くの場合、将来の成長戦略の1つとしてトップの意向を踏まえ、企業理念と合致するような提案が求められます。

新規事業提案の場合において「スピード」というのは、

- 他社よりも早く意思決定して参入できるか
- いかに収益化までの時間を短縮できるか
- いかに早く右肩上がりの成長スピードに乗せることができるか

最低限、この3つは押さえる必要があります。

そして、「精度」は、

- 市場があるのか（ニーズはあるか）
- 収益化できる根拠となるデータはあるか
- 右肩上がりで成長するため、具体的な施策の根拠となるデータはあるかこれらは、いずれもリサーチが必要な案件になりますが、まずはアイデアベースで、関係セクションや有識者へのヒアリングにより、ビジネスモデルを想定し、その後、費用を投じてリサーチをかけ、成功に向けた確率を高めていく作業を並行して行なっていきます。リサーチの規模は、企業において、どれくらい予算を充当するかの規定にもよります。これらの項目を踏まえて、最終的なジャッジにつながっていくものができ上がります。

ここでは、3年目までの人が参考になるように、そもそも新規事業提案の考え方や土台作りを中心に解説したいと思います。

新規事業提案の考え方

新規事業提案の場合、まず「どの分野に進出していくか（事業戦略ドメイン＝顧客×顧客ニーズ×自社の強み）」を考える必要があります。

自社の事業に全く何も関係のない新しい分野に出ていくのと、今の事業に多少なりとも親和性がある分野に出ていくのでは、アプローチの仕方が大きく異なるからです。

例えば、私が所属していたソフトバンクの場合だと、最初はPCソフトの流通からスタートし、そこから出版業に進出して、ADSL事業が出てきて、携帯・モバイル、インターネット、固定電話などに進出して行き、さらにAI、ロボット、投資事業というように変遷していった歴史があります。

この中で、ソフトウェア事業からパソコンゲームを想定した場合、「インターネットの速度が遅いから、快適なプレイのために回線速度を上げたい」というお客様の不便を解消することを起点とした事業なので、既存事業と親和性が高いと言えます。

事業を行うと、お客様の不便や不利益を何とか解消していきたいという「念《おも》い」が新しい事業を切り開いていく原動力となる場合があるのです。

出版に関しても、「PCはこれからますます主流になり、個人が所有する時代が来る。このPCのスキルやリテラシーを上げていけば、必ずビジネスは付随してくる」という理由からスタートしていきますから、やはり親和性が高いビジネスでした。

こうして、事業の陣地を少しずつ、時にはダイナミックに取りに行ったのです。

したがって、極端な例ですが「焼き肉屋チェーンをやりたい」という提案をソフトバンクで行なっても、決裁はまず通らない領域でしょう。

新規事業では自社の中核に近い周辺ビジネスを展開していくような提案については承認が通りやすく、全く違う分野、業界への進出という案は、シナジー効果も生みにくく、ノウハウもないため、社内での承認は通らないことが多いのです。

もし、機会があって「新規事業の提案」を考えるような場合、「いかに今の既存事業の延長線上にあるか」「既存事業と関連づけられるか」が肝となってきます。

その根底にあるのが、「企業理念」です。つまり、「何のためにこの事業を立ち上げたいのか」という部分が企業理念と合致していなければならないのです。

ソフトバンクの場合は「情報革命で人々を幸せに」という企業理念ですから、「情報革命」という部分に則ってないと、承認されないのです。

まず、新規事業提案を考える上で大事なのは、

「自社の企業理念がどういうものか」

「それに合致しているかどうか」

「自社ビジネスの周辺事業として据わっているかどうか」

というのが大きなポイントです。社内の課題解決型の提案とは大きく異なるのです。

新規事業提案を提出する準備は自己研鑽から

～新規事業は社外の人脈がキーになってくる

なぜ、今、企業で新規事業提案が求められるのでしょうか？

人口構造の変化や少子高齢化、労働人口の減少、テクノロジーの進化、エネルギー問題、働き方の多様化など、多岐にわたってこれまでの経験則、成功体験が通用しなくなっています。

企業においても、既存事業だけでは収益の確保は難しく、新たな事業領域を模索しているのが現状でしょう。

ＡＩによって世の中がさらに大きく変わっていくと言われている中、これから企業に必要とされる人材とはどういった人なのでしょうか？

１つ言えるのは、これまでの経験則に囚われず、常に貪欲に、新しいことにアンテナを立て、感度よくキャッチアップする人が求められているということです。

ここで、新しい提案ができる人は、社内のネットワークだけでなく、社外に多くのつながりを持っている人です。

新規事業の提案にあたって、自社の周辺あるいは、自社の既存事業と組み合わせてシナジーが出せそうな領域を模索する時、それを社内のネットワークのみで解決しようとすると、新規事業のアイデアは限定されてしまいます。

そんな時に社外の「外部ネットワーク」が有効になってくるのです。

この外部ネットワークを「外脳（がいのう）」と呼んでいます。外付けハードディスクのように、自分以外の頭脳を指す言葉です。

人間は全治全能的に、あらゆる事象を知ることはできません。すべてを理解するにも時間の縛りという限界があります。そこで「外脳」が必要になってきます。いかに多種多様な専門性を持った人や企業とつながれるかが圧倒的な差として現れてくるということです。

入社3年目にもなると、すでに自分の専門領域は「強み」になっていることでしょう。いよいよ次のビジネスステージに向けて、社外ネットワークをどう増やすかが勝負になってくるのです。

単純に考えても、社外ネットワークをたくさん持っている人のほうが、新規事業提案のアイデアの種は豊富にあるでしょうし、さまざまな業界の方とつながっていれば実現する選択肢の幅の広がりだけでなく、実現に向けたスピードも確保できます。

それに対して、社内のネットワークしか持っていない人の場合、社内政治には長けていきますが、新たな成長戦略を描くのは難しいでしょう。

また、終身雇用の崩壊や副業（複業）が広がっていく中、社外ネットワークが強固な人は、景気動向やリストラなど、あらゆる環境変化にも適応できますが、社内ネットワークしかもたない人は、会社の中での存在価値に限定されてしまうため、退職後や転職後に新たな道で歩んでいく際にも、多くの壁に阻まれてしまうでしょう。

異業種、異業界の人脈が新規性を生む

専門性の重ならない異業種・異業界のネットワークにこそ、まだ誰も気付いていないブルーオーシャンが広がっています。

ビジネスは掛け算とよく言われますが、自社の強みと異業種の強みを掛け算して新

しいものを生み出すことは日常茶飯事です。積極的に、全く異なる業界にも興味を持ってみましょう。

この時に使う発想法として「カラーバス効果」があります。私も日々意識して使います。カラーバス効果というのは、「赤い車がほしい」と意識をして街を歩いてみると、走っている赤い車が何台も目に入ってきます。つまり、ある特定のものを意識し始めると関連情報が自然と目に留まりやすくなる心理効果を指しています。

これと同じく、新規事業について考える時、「何を見ても、今、自分が取り組んでいる課題の答えに見えてくる」というわけです。「これだったら自分の今のビジネスにどう絡められるだろう?」と考えていくのです。

また、外とのネットワークを広げていくと、いろいろな人と「カベ打ち」ができるようになります。

「実は今、こういうことを考えているんだけど、どう思う?」

「それはこうじゃない?」

「脳科学的に言うとこうだよ」

というように、いろいろな人とつながっているからこそ、新しい発想につながり、今までにない新規事業の提案になるのです。

次はいよいよ、どうやって外部ネットワークを作っていくかについてふれていきましょう。

高品質な外部ネットワークの作り方

異業種交流会がありますが、私はあまりお勧めしていません。異業種交流会では名刺交換をしますが、その人が所属している会社・役職にしか興味がなく、「大きな会社だから何か仕事になるんじゃないかな？」「役職者だから権限があるだろう。何かビジネスで絡めないかな？」といった思考で接してこられる方が大半です。そのため、できるだけ品質の高い外部ネットワークを構築してもらいたいと思います。

ここで言う品質とは、

- その分野のエキスパートである

- クイックにレスポンスがある
- ワクワクする

の3つです。

エキスパートであることは、自分にない専門分野のことを導いてくれる、とても貴重な存在です。

レスポンスが速いということは、時間軸が自分と合っているということです。相談する時は、その時に困っていたり、悩んでいたりするものです。少しでも早く解決したいという思いに応えてくれる方とつながれると心強いですね。

そして、3つ目の「ワクワクする」ですが、私は、この「ワクワク感」を一番大切にしています。

経営コンサルタントの大前研一さんは、人間が変わる方法は3つしかないと著書『時間とムダの科学』（プレジデント社）の中で伝えています。

1番目は時間配分を変える。

2番目は住む場所を変える。
3番目は付き合う人を変える。

私もこの言葉が大好きなのですが、付き合う人が誰かによって人生も変わるのを実感しました。多くの経営者や第一線で活躍されている方々とお会いしてきましたが、みなさんエネルギーに満ち溢《あふ》れています。そして未来に向かってワクワクして仕事をされています。ですから、見ているこちらもワクワクしてきます。よき励みになり、自分も頑張ろうと思える方とつながっていることも大切なのです。

こういった要素が含まれている方々にお会いするために実行してきた3つのアクションをお伝えします。

1つ目は、「上司のネットワークを使う」です。

自分の上司に「この件で誰か詳しい人はいますか？」と尋ねると、自分よりも当然社歴も長く、人脈も外に広がっているはずですから、上司のフィルターがかかっている素晴らしい人材を紹介してもらえます。上司と相手の方の信頼関係も深いはずですから、異業種交流会とは比べものにならない人にも出会えます。

社内であれば、「上司のネットワーク」の一部として「社内の上級会議に出席・関与できる」ということがあります。例えば、「経営会議のプレゼン資料を作る」というのは非常によい機会なのです。

経営会議のプレゼン資料を作ると、当然のことながら資料作成者が一番詳しく内容について知っていますから、オブザーバーで呼ばれることがあります。経営会議で上層部の情報に否が応でもふれる機会に恵まれるのです。場合によっては、プレゼンテーションをする機会があるかもしれません。そうすると、いやでも上席者の目にふれることになり、自分を知ってもらえるきっかけをつかむことができるのです。

そうなると他の上層部の役員にも、「○○君、プレゼン資料を作ってくれないか」とか、社長からも「○○君、一緒に来て」というように、上層部の人との接点が増えていきます。

この接点が増えてくると、経営層が持っている、「上席の人たちの社外ネットワーク」にふれる機会も増えていきます。つまり、自分の直属の上司のネットワーク以上の、さらに上のレイヤーの外部ネットワークにふれる機会が増えてくるわけです。

だからこそ、上層部の会議資料を作るのはすごく大事なことなのです。直接、会社の経営方針や戦略もわかりますから、的はずれな提案をすることもなくなりますので、ぜひ、チャンスをつかみに行ってください。

2つ目は、「いいコミュニティに所属する」です。

私の場合、ソフトバンクアカデミアの第1期生として所属していましたが、社内外ともに多くの素晴らしい出会いがありました。

一流ミュージシャン、JAXAのフライトディレクター、メイクアップアーティスト、食のプロ、ファッション業界のプロフェッショナル、大手企業社員、競合他社の方などなど、多くの同志に巡り会えました。

これは、孫正義社長のフィルターで、1万人の応募者から厳選された100名の外部生たちですから、出会いから10年経つ今でも心から尊敬しあえる仲間たちです。

また、MBAが取得できるスクールなどであれば、意識が高い方々が集まるコミュニティですので、同じ志を持つ仲間を見つけるにはとてもよい場になります。

その他にも、リカレント教育を行っている大学の外部機関や朝活を行っているコミュニティーなど多数ありますので、いろいろと興味がある所を探して行ってみましょう。

私も一般社団法人プレゼンテーション協会を主催しており、多くの企業や個人会員の方々がお見えになられる場を提供させていただいてます。

■プレゼンテーション協会 https://presen.or.jp

3つ目は、「自分が興味を持った人に手紙を書いたり、会いに行ったり、実際に自分から動く」です。

「自分から会いに行く」というところまで行動する人はあまりいません。しかし、ほんの少しの勇気さえあれば誰にでもできます。

講演会で、最初に手を挙げて質問をする、終わってから名刺交換して個人的につながりを持つ。いかがですか？ すぐにできることばかりです。

この3つのアクションで、外のコミュニティとつながっていく接点を増やしていけます。キーワードは、積極的に「取りに行く」という姿勢が大事なのです。つまり、「自走力」がないと、いくら待っていてもチャンスは訪れません。

自社の動向を押さえる

新規事業提案について、さらに重要な点を付け加えると、「自分の会社に興味を持つ」ということです。

新規事業を行うのであれば、まずは自社が何をしているのか？　どこに向かおうとしているのか？　これらを押さえた上で新規事業を検討する必要があります。

私が席を置いていたソフトバンクでは、毎朝、新聞に4～5か所「ソフトバンクグループの〇〇が…」という記事が出ていました。

ある日、取引先の社長へ商談に伺った時のことです。その日も朝刊にグループ会社の記事が出ていたようですが、私は目を通さずに商談に臨みました。

そして、先方からその日のグループ会社の話題を振られた時、「いや、ウチの業務ではないので、ちょっとよくわからないんですよね…」と言った瞬間、「君は自分の会社に興味がないということを言っているのと一緒だよ。うちはソフトバンクの資本は入っていない。つまり他人です。グループ会社はあなたの身内みたいなものです。身内のことにすら興味がないあなたに、うちの会社を親身になって相談できるわけがない。担当から外れてください」と言われたのです。

はっとさせられました。相手からの信頼は、ほんの一瞬で消えたのです。

自分で会社の情報を取りに行き、自分が認識している会社像を常にアップデートする必要があるのです。

会社の情報というのは放っておいても自動的にアップデートされません。社内のイントラネットを見ていても遅いですし、イントラネットの記事になっていたとしても、それを読むだけでは、書いてあることしか理解できません。

例えば、「ソフトバンクで自動運転の取り組みという記事が出ていた。自動運転について興味があるから、もう少し調べよう」と思えば、本を2冊ぐらい買って読んでみると業界についても深く知ることができます。

それは新たにその業務にも従事することにつながるかもしれません。この繰り返しで、理論武装、情報武装を貪欲に実行するのです。

自社を理解することも、「ステージ0」の大切なアクションの1つです。プレゼンを支える土台の部分が豊かでなければ、いいプレゼンは作れません。

自己研鑽を習慣にする

~自走型人材への道を歩み始めるために

私がソフトバンク時代で実践したのは、「土日の使い方」の工夫です。

土日の朝5時~7時と、夜10時~12時という、この4時間は「自分のための学びの時間」に当てていました。

子供たちがいるので、当時、休日は家族との時間を可能な限り確保するのですが、この時間だけは本を読むもよし、プレゼンを作るもよし、何かしら自己啓発のために土日は1日4時間を必ず取るようにしていました。

これを実践するだけでその後のビジネス人生において、大きな変化をもたらしてくれたと自負しています。休日の時間配分を変えることで、大きく変わったのです。

ただ何もせず、「土日は休みだからゆっくり休もう」という時間配分では人生は変わりません。

休日は自由に使えるので、この時間をどう「自分のための学びの時間」に当てられるかということを意識してみてください。

特に、20代の人たちには、月に1万円程度の書籍を読むことをお勧めしています。自己投資が必要です。つまり、月10冊程度は読んだほうがよいということです。

学びを継続することこそ、あなたの存在価値が高まるのです。多岐にわたる書籍を読むことから、新しいビジネスのアイデアがスタートします。

コラム

決裁を取る上での専門領域について

日常の通常業務を進めていけば、所属部署のことは詳しくなってきます。そのうち、所属部署だけで完結せず、他の部署との調整が必要となる案件が増えてきます。

例えば、企画部門の人が「こういう企画を通したい」と考えた場合、所属部署だけで完結できず、技術や情報システム部門と関係するようなケースでは、「餅は餅屋」のとおり、「専門部署に任せる」ということが必要となります。すべてを所属部署で完結させることは、現実的ではありません。

このような部門横断型プロジェクトの場合、他部署の人を「巻き込み」ながら進めるスキルが必要になります。

つまり、専門部署に専門領域の部分の補強をしてもらい、提案、企画内容にその部署のお墨付きをもらえれば、決裁もスムーズに通るようになるのです。

決裁者からすれば「専門部署に確認しているのなら大丈夫だろう」という認識になります。つまり、専門部署の信頼を活用しているのです。

誰と仕事をしたいのか

部門横断型のプロジェクトで、技術部門であればAさん、情報システム部門であればBさん、マーケティングならCさんというように、「この人と組むと上手くいく」というキーメンバーがいます。部門横断型プロジェクトでは、「誰を任命してくれるか」で、その成否が決まってくると言っても過言ではありません。

「誰と組むか」は事業を行う上で、とても大切な要素です。孫社長も「将をいかに集めるか」ということをよく話されていました。一緒に組むメンバーでそのプロジェクトの成否が決まってしまうからです。

あなたは「選ばれる人」として、専門性を持ち合わせていますか？　完遂できる実行力が伴っていますか？　そして、社内にあなたの存在をプロモーションできていますか？

あなた自身が社内ネットワークをきちんと作れているかも重要です。最初は同期入社のメンバー間のネットワークです。そこから徐々に横へ、縦へとネットワークを広げていってください。

会社が求めていることとは

入社3年目までだと、与えられた仕事を早く覚えて一人前になり、企業に貢献することを求められるでしょう。新人の時にやりたい仕事ができるのは1割程度ではないでしょうか？

仕事も上から振ってくることが多いので、「仕事をいかにこなすか」という局面が多いと思います。ただ、3年目からは、こなすことだけでは成長しません。せいぜい1時間かかっていた仕事が、30分に短縮できる程度。会社はこなすことを求めているのではなく、自走できる人材になってもらいたいと考えています。

仕事をしながら、いかに自己啓発を意識しつつ成長できるか。3年目には次のリーダーになるべく自己研鑽を習慣にするような人材が求められるでしょう。

CHAPTER

4

企業文化・お作法

を押さえる

SECTION 13

社内プレゼンの攻略要素3

企業文化・お作法

社内プレゼンで避けて通れないのが、「社内プレゼンの攻略要素」の三番目である、「企業文化」と各部署における「お作法」です。

これは、プレゼン資料を作成する際のガイドラインとして明文化されていることもあれば、「暗黙知」として共有されて習慣になっているもの、そもそもルールすらない企業などさまざまです。

企業文化やお作法が明文化されていない場合、そのブラックボックスを自分で「見える化」していく必要があります。ここを押さえていないと差し戻されたり、提案が却下されることもあるからです。

社内会議と資料作成準備はスケジュール管理から

社内の「企業文化」や「お作法」というのは、定例会議や企画会議など「会議体の運営方法」や「資料作成の書式」などに表れるので、ここから押さえていきます。

まずは「定例会議」です。

自分の部署を把握することから始めて、関連する各部署ごとのスケジュール、それぞれの部署の文化（お作法）をしっかり言語化して把握します。

決裁を勝ち取る上でのポイントとしては、自分の部署だけではなく、事前にネゴシエーション（調整・交渉）をしなければならない部署の定例会議スケジュールを把握しておくとよいでしょう。その部署での定例会議の付議事項に、部署のキーマンから情報共有してもらうことで、経営会議などでの決裁も通りやすくなります。

実は、これが「明文化されていない企業文化やお作法」でもあり、「暗黙知」の1つとも言えるのです。

例えば、「○○の案件については、□□部署のAさんに『仁義を切っておいたほうがいいよ』」ということが言われたりします。

この『仁義』とは何かと言えば、「他部署にも関わる案件については、その責任者に対して事前に報告、情報共有、調整、交渉しておくことや、会議での配布資料を共有する必要がある」という意味で使われる場合が多いのですが、企業、部署によってそのプロセスや内容はさまざまです。

しかし、ここをしっかり押さえておかないとスムーズに決裁が下りず、責任者がへそを曲げて「オレは聞いてないぞ」という一言で差し戻されることもあります。

本書で述べてきたように、通常業務である「ステージ0」から意思決定者との「距離感」をどう縮めるかに、プレゼンの「勝ち筋」の7割から8割が影響します。

つまり、仕事での距離感が遠いままだと、どんなにいい提案を持っていっても受け入れられないのです。

企業文化やお作法は「資料の形式」と「決裁ルート」で押さえる

「企業文化」を一言でくくることは難しいですが、1つは「資料（マテリアル）」。もう1つは「決裁過程（ルート）」と言えます。

資料についていては、企業によってまちまちです。PowerPointを使うところもあれば、Word、Excelを使うところもあります。企業文化によって、資料の形式は変わって当然ですし、場合によってはPowerPoint禁止の会社もあったりします。

例えば、AmazonではPowerPointを使わずWordで行うことは有名です。トヨタならA3一枚といった具合に、資料の形式には企業文化が反映されるのです。

社長が身近な存在である中小企業なら、スライドを作って社内で改まったプレゼンテーションをするより、雑談しながらホワイトボードやコピー用紙に手書きで検討したほうが、よりクイックに整理、決裁が取れて時間の短縮にもつながります。資料も必須でないケースも多いでしょう。決裁者が近い場合、資料が一人歩きすることを想定する必要も少ないかもしれません。

ただ、こういった形式的にわかりやすい部分とは別に、明文化されていない「暗黙知の部分＝関係部署との情報共有や調整」というようなことは、経験的に知らないと対応できません。だからこそ「ステージ0」の段階で、きちんと決裁過程（ルート）や決裁者もプロファイリングするようにしてください。

例えば、他部署での決裁会議の開催頻度が多い場合には、提案の検討機会はたくさんありますが、頻度が少ないと案件の鮮度も落ちてしまいます。

そんな時「会議を待たずに、個別に相談や提案に来てもいい」という部署もあれば、「会議でなければ受け付けない」という部署もあります。これも「お作法」です。

ただ、今の時代は会議を待っているようだと意思決定も遅くなります。さまざまな決裁過程を模索して、ルートを開拓し、決裁を通していってください。

企業文化・お作法が変わるタイミングはチャンス

企業文化はトップが代わると変わります。逆に言えば、トップが代わらない限り、企業文化は変わりようがないとも言えます。

例えば、大手企業で社長交代があったら、新社長は自分のカラーを出したいという一面があるので、そのタイミングで企業文化が変わることはよくあります。

また、人事異動や部署改変などがあると、所属長権限の範囲で「お作法」が変わることもあります。会議スタイル、週報のフォーマットや会議議事録、プレゼン資料など、新しい所属長の使い慣れたものに変わることも多いでしょう。場合によっては、「そもそも不要」と判断して廃止になる事柄も出てきます。

ただし、買収による会社合併のようなケースになるとダイナミックに変わります。それは、「企業理念」が変わるからです。

例えば、ソフトバンクが買収する前に私が所属していたボーダフォンは「紙文化」、ソフトバンクは「紙ゼロ文化」ですから、それまでは会議というと資料を印刷して渡していたので、大きく時間の使い方が変わりました。

環境が変化した時はチャンスです。うまく順応してフレキシブルに動けるよう、日々さまざまな伝え方の手法を身に付けておくようにしてください。

会議後の上司の感想を聞く効用

企業には上層部による特殊なお作法があります。日常の通常業務からは垣間見ることが難しい場合には、上層部の会議に出ている上司の話を聞くことでキャッチアップできます。上司は、さらにその上の層にエスカレーションするので、「どうすれば決裁が通りやすいか」という社内の「お作法」をよく知っているからです。

大企業の場合は、部署がたくさんあるため、部署の特色や個別のお作法もあり、部署間の調整も大変になってきます。

上司の「会議感想」をどう聞き出すか

では、どのように聞き出せばよいのでしょうか。

これにはタイミングがあります。自分たちが出られないような大きな会議に上司が

出て戻って来た時、

「会議、どうでしたか?」

と一声かけるのが有効です。

OK例

会議が終わった時に、「会議、どうでしたか?」という一言を、誰よりも早くかける。

⬇会議に出た上司なりに感じた経営陣の雰囲気だったり、経営者が今、悩んでいることなどが課題やタスクを通じて肌で感じ取れる。

NG例

話しかけてくるまで待つ。

⬇上司から呼ばれるまで待っていても決して話してはくれないし、ある程度内容を精査された後で、誰かに仕事として振ってしまうことも想定される。

例えば、「社長は今、〇〇の案件を悩んでいるようだったな。口にはしなかったけれど、何となく伝わってきたんだよな」というように、何気ない上司の話を聞くだけでも「この部分で何かしらの提案をしたら刺さるかな」ということが想像できます。

つまり、自分がその場に出られなくても、「仕事を見つける」ことが容易になるのです。「今、何を解決すれば会社にとって、もしくは世の中にとって貢献できることになり得るか」をキャッチするのに有効な第一歩は、上司の「会議感想」を聞くことなのです。

さらに、上司の会議感想を聞く前に、自分である程度考察できるようになると、「会社意思」とのシンクロ率は高まっていきます。例えば、豊臣秀吉が草履を懐に入れていたというエピソードのように、相手の立場に立った時、「このまま履いたら寒かろう」という配慮が発揮できれば、仕事の捉え方や向き合い方も変わってきます。

上司の会議感想を聞くことは、自然と自分自身の「視座」が上がっていく、すなわち、普段から社長や経営層の立場に立って物事を見られるのです。

上位職の会議に出る機会があれば非常にチャンスですし、そういった会議に出られない場合でも、上司に「会議、どうでしたか?」と聞くことが有益になるのです。

上司のブレストに付き合う

さらにもう1つ、上司の「会議感想」を聞く方法として、上司のブレストに付き合うことがあります。

物事を考える時間は誰しも必要なのですが、その時「カベ打ち」役を買って出るのです。それができるようになってくると信頼度も増します。

「ステージ0」の段階で、常に上司の壁打ちに付き合うことも、すごく大事なコミュニケーションの取り方と言えます。例えば、「この件について、B君はどう思う?」と尋ねられて、「すみません、今、ちょっと忙しいんで、無理です」という答えだと、心の中で「もう二度と声はかけない!」と思われてしまいます。

これでは信頼関係を築くことは難しいですから、上司のブレストに付き合う、いいアシストができるようになるということは、大事な接点（コンタクトポイント）であり、コミュニケーションなのです。

キーマンを見極めるには

「ステージ0」の段階では、関連する部署のキーマンを見極めることが重要です。

新人だったり、異動で誰がキーマンかよくわからない場合は、組織図を参考にして当たりを付けていきます。もちろん、ヒアリングしながらキーマンとの距離をさらに縮めていくのもよいでしょう。

たいていの企業には組織図があり、部署にいる人の名前や職位が入っています。さらに、何らかの仕事を他部署の人に依頼する場合、誰に相談すればよいか、わかるように業務内容が明記されている業務文書などもあります。

ただ、実際にその業務文書や組織図どおりに業務が行われているかというと、意外とそうでない場合もありますので、しっかりとヒアリングし、情報収集を行い、自分が必要としているキーマンに接していきましょう。

成功している人のマネをしてみる
～明文化されない暗黙知のつかみ方

「暗黙知」は、どうすればつかめるのかというと、「観察する」ことです。

例えば、自分以外の誰かが言ったことや提案したこと、やったことに対して、どんなフィードバックが来るかをしっかり見ておけば、「あ、これはやらないほうがいい」とか「こういうことはやったほうがいい」ということがわかります。それができる人というのは、決裁率も高いのです。

ある上司にお気に入りの人がいて「その人の言うことなら通す」というような信頼を勝ち取れている人がいる場合、「その人はどういうふうに上司と接しているか」を観察し、模倣していくと通りやすかったりします。

つまり、そういう人は「上司の信頼ポイント」というツボを心得ている人と言えるからです。このように、成功している人の真似をしていくことも1つの戦略です。

この「成功事例を観察して、自分のものにする」ということについては、取り得る選択肢はいくつかあります。大きな会社だったら「この上長の下で働きたい」という人もたくさんいるはずなので、そういう人を探して異動希望を出すという方法もあります。

逆にウマが合わない上司に対して、ただずっと「ウマが合わない」と言うだけだったら、自分の評価もどんどん下がっていくだけです。

若手で3年目ぐらいまでの人は、まだまだいろんなタイプの上司に仕えた経験がないので、耐性や免疫力も低いかもしれません。

では、そういった耐性や免疫力はどこで培われるかというと、ある程度いろんな上司の下で仕事をしないと身に付いてきません。自分の中のバリエーションが増えていかないのです。

社内文化やお作法を知る上でも、チャンスがあれば部門横断型のプロジェクトなどに参加してみることをお勧めしたいと思います。そこでは他のセクション、他部署の上長、他部署の決裁プロセスも学べるので、プロジェクト参画のチャレンジをしていくのも社内の「暗黙知」を広げていくことにつながっていきます。

会議での学びと日常業務での関与

上位職の会議に出ると、上司がどういう「受け答え」をしているかがわかります。実際に上の役職者に面と向かって話をするシーンを見られたり、上位職の人がさらに上の経営陣に「こういうふうにレポートをしているんだ」と、その場に立ち会うことで得られる情報は大きく異なります。

上位職の会議に出席できるほどになるには、日常業務でも、依頼される仕事をこなすだけではなく、「自ら仕事を取りに行く姿勢」が求められます。

取りに行く姿勢に深く関係する仕事は2つあります。

❶緊急案件に関与する

1つは緊急案件です。突発的な事例で「これを今すぐ何とかしなければならない」

という緊急性が高いものは、当然、上位職の方々がジャッジする必要がありますから、そういう場に立ち会える頻度を意識して取りにいきます。緊急案件に従事して、部署のタスクをこなせばこなすほど、評価も上がっていき、経験も積めるのです。

❷泥臭い仕事を引き受ける

もう1つは、誰もやらないような面倒臭い仕事を引き受けることです。

やらなければならないことはわかっているのに、誰もやらないからこそやり遂げた時に存在意義が出る場合もあるのです。

みんなが「ああ、面倒臭いな」といって手放したような仕事でも、それを拾って処理することが実はすごく会社にとっては重要な事柄だったりします。それは、顧客が困っている場合もありますから、顧客と向き合う感覚も持っておく必要があるのです。

喩えて言うと、学生時代の掃除当番で、どの場所を掃除するか選べるような場合に、体育館の舞台を掃除するよりも、みんなが普段よく使っているトイレのほうが評価されるのと似ています。

みんなやらない、やりたがらない部分を自分から取りに行くことで、会社の中で収益が大きく上がる改善につなげられたり、大幅に費用削減できたり、気が付けば、それがメインストリームになるようなプロジェクトになることもあるのです。

上位職の会議でわかること

上位職の会議に出席する機会に恵まれた時、何を見ておくべきなのでしょうか。「企業文化」というテーマで言えば「個々の案件に対して上位職の人たちが何を拠り所（軸）に、どのような意思決定をするか」ということが大きな学びになります。

例えば、打算的に「AかBかといったら、合理的なB案を取るだろうな」と思っていたら、経営陣は「いやいや、それはA案だよ」という意思決定をする場合などです。こと事業に関しては、直面した目の前の事案なら、利益が出るほうや効率がいいものを取りがちですが、長期的な視点で見た時「会社にとって何がベストなんだ」とか、

「会社の理念と照らし合わせた時に、今ここで利益を得ることと、未来における顧客の信頼を勝ち取ることのどちらが重要か？」を天秤にかけて、意思決定されるケースもあるのです。

会社にとっての判断軸として「ユーザーから未来の信頼を勝ち取るために、今、どこを向くか」というような場合、やはりユーザーを向く選択をすることが多い。「ここでユーザーの信頼を損ねてしまったら、絶対にこのサービスは使ってもらえないんじゃないか」「目先の利益よりもユーザーファーストで何事も対応していくんだ」という選択、意思決定の方向性・軸です。

これが現場の担当レベルの決裁者だと、どうしても自分のセクションを優先しがちになります。

しかし、2つ上の役職者の視座で見ていくと、さらに上位職の視座で見ていくと、長期的な時間軸で意思決定されることを視野に入れている役職者がほとんどです。

そこまで視野が広がったり、視座が上がったりという体験は、上位職が出席している会議に出席して初めて感じ取れる部分なのです。

最後に、私からアドバイスとして1つだけお伝えしたいと思います。ぜひ、肝に銘じておいてください。

自分がその職位になってから視座や視野を広げるということをやっていては遅いのです。例えば、課長になってから、「課長になったら実践したい30のこと」部長になってから、「部長になったら押さえておきたい30のこと」というような書籍を読むのでは遅く、20代の一般職の時に読み終わっておくべきものです。

「30代になったら必要な○○」「40代にやっておくべき○○」といった書籍も同様です。やはり、20代のうちに読み終わっておくべきです。

対象年代になってから、あるいは役職者になってからでも何も読まないよりは、読んだ方がマシですが、可能な限り、そういう類いの本は20代の時に読み終えておけば、さらに逆算して、今何をすべきかが見えてきます。

ビジネス時間は、生涯で10万時間しかありません。

貴重な人生の10万時間をビジネスに充当するのですから、常に視座を上げ、視野を広げることにチャレンジして夢を勝ち取りに行ってください。

おわりに

あなたが、一番最近書いた履歴書は、いつ書いたものでしょうか？　就職して3年目であれば、3年前かもしれません。すでに転職された経験を持つ方なら、この1、2年でしょうか？

転職する時には、職務経歴書も書くことになります。

前職で何を行ったのか？　何を成し遂げたのか？　定性的に、そして定量的に書くのです。それを見て、企業はあなたの価値を評価していきます。

さて、あなたがもし、今自分の職務経歴書を書くとしたら、何を書きますか？　何が書けますか？　何を成し遂げていますか？

ふと振り返って考えてみると、あまり書くことがない人もいるかも知れません。

会社から言われたことだけを、指示されたことだけをこなしていては、職務経歴書に書けることは限定的です。自らの意思で、企業で何を成そうとして、何を行ってきたかが問われるのです。

あなたがビジネス人生を歩み、定年退職となる65歳までの時間を費やして、何を成し遂げたいのか？　生涯のうち10万時間を使って何を成し遂げたいのか？

もちろん、これは人によってさまざまです。

定年退職まで、企業に所属して企業人を全うするもよし、独立して会社を起業するもよし、プロ経営者として大手企業の経営に携わっていくもよし、トップセールスとして生涯現役・現場主義を貫くもよし、それは、あなた自身のビジネス人生における価値観で歩んでいただきたいのです。

一番してはならないのは、会社から言われた仕事だけをこなして、65歳で退職した時に後悔することです。そのようなことのないようにしてほしいと思います。

大切なことは、今、あなたが所属している企業にいて、何を成し遂げたいと思っているのか？　そもそも、成し遂げたいことがあるのか？

事を成す。そのために、何をしているのか？

「今はそれほど考えていない。何をするというよりも、今、目の前のことにを全力で取り組む」

これも重要なことです。とはいえ、企業という器の中で、あなたが実現したいことを成し遂げてほしいのです。

そして、それを実現させる手段が、社内でのプレゼンテーションなのです。あなたの念《おも》いを実現させるツールです。是非あなたの念いを実現させてください。

実際に、私もソフトバンクがボーダフォンを買収して、なかなかエリアが充実しなかったところを一気に電波改善宣言で、つながるキャリアへと変えていった孫社長の経営手腕に圧倒されました。

阪神淡路の震災から、いつでも、誰とでもつながる世界にしたい、何かあった時に声が聞ける世の中にしたいと思っていた夢を叶える意思決定と行動を起こしてくれたのです。

孫正義という稀代の経営者にふれて、ソフトバンクが目指す世の中の実現に向け、一翼を担いたいと思い、ソフトバンクアカデミアに入りました。

実際にそこで仲間たちと切磋琢磨して、時価総額300兆円、300年続く企業というものを実現させようと思いながらも、さまざまな事業提案を考える時間は、本当に自分がやりたいこと、自分が生涯かけてやりたいことと向き合う時間にもなっていきました。

自分と向き合って、内観すればするほど、「企業に所属したままでは、本当に自分がやりたいことには従事できない」と気づいていきました。

結果、ソフトバンクを離れて、自分で会社を興して起業していくのですが、そこには必ず自分の念いが必要になります。それは、意思決定してアクションを取るだけではなく、取り続けるためにも必要なもの。それが「念《おも》い」なのです。

企業理念には「念」という字が入っています。

ぜひ、みなさんも「念い」を実現するために、まずは社内で決裁を勝ち取り、それを世の中へ伝えていただければと思います。

本書が、みなさんの未来をつかむ一助となることを、心から願って。

2020年3月吉日

前田 鎌利

【著者紹介】

前田 鎌利（まえだ・かまり）

書家・プレゼンテーションクリエイター

1973年福井県出身。東京学芸大学教育学部書道科卒業。5歳より書を始め、独立書家として活動しながら光通信、J-Phone、Vodafone、ソフトバンクに従事。

2010年、孫正義氏の後継者育成機関「ソフトバンクアカデミア」の第1期生として選考され、初年度1位の成績を修める。孫正義氏の資料作成にも携わり、プレゼンテーションスキルはソフトバンク社内のプレゼンテーション研修プログラムとして採用され後に書籍化。累計25万部を超えるプレゼンテーションの定番書となる。

2013年にソフトバンクを退社し、未来へ書をはじめとした日本の文化を継承していく「継未-TUGUMI-」を設立。全国700名を超える生徒が通う教室を経営している。

書家としてJリーグ「絶対突破」、ソフトバンク「志高く」、JAXA「こうのとり」、羽田空港「翼」をはじめとして多くの書を揮毫。個展・ライブパフォーマンスは国内のみならず、NY、フランス、イタリア、イギリス、スイス、中国、韓国、台湾、シンガポール、タイなど海外でも精力的に活動する。17年に及ぶビジネス経験を基にしたビジネススキルの企業研修・講演等は年間200を超える。

著書
『社内プレゼンの資料作成術』『社外プレゼンの資料作成術』『プレゼン資料のデザイン図鑑』『最高品質の会議術』（ダイヤモンド社）『最高のリーダーは2分で決める』（ソフトバンククリエイティブ）『ミニマム・プレゼンテーション』（すばる舎）

BookDesign：山田知子（チコルズ）

入社3年目までに押さえたい
社内プレゼンの攻略術

2020年3月29日　第1刷発行

著　者──前田 鎌利
発行者──徳留慶太郎
発行所──株式会社すばる舎
〒170-0013 東京都豊島区東池袋3-9-7 東池袋織本ビル
TEL　03-3981-8651（代表）03-3981-0767（営業部直通）
FAX　03-3981-8638
URL　http://www.subarusya.jp/
振替　00140-7-116563
印　刷──株式会社シナノ

ISBN978-4-7991-0840-6